U0917187

李伦新·著

船行有声

文汇出版社

图书在版编目（CIP）数据

船行有声 / 李伦新著．— 上海：文汇出版社，2014.2

ISBN 978－7－5496－1057－0

Ⅰ．①船…　Ⅱ．①李…　Ⅲ．①李伦新－回忆录Ⅳ．①K827=7

中国版本图书馆CIP数据核字（2014）第000790号

船行有声

封面题字 / 钱谷融
封面图画 / 朱鹏高
出 版 人 / 桂国强

作　　者 / 李伦新
责任编辑 / 张　衍
装帧设计 / 周夏萍

出版发行 / 文汇出版社
上海市威海路755号
（邮政编码200041）
经　　销 / 全国新华书店
排　　版 / 南京展望文化发展有限公司
印刷装订 / 上海译文印刷厂
版　　次 / 2014年2月第1版
印　　次 / 2014年2月第1次印刷
开　　本 / 890×1240　1/32
字　　数 / 176千字
印　　张 / 10.125

ISBN 978－7－5496－1057－0
定　　价 / 48.00元

作者近影

自序

泰戈尔说：天空不留痕迹，鸟儿已经飞过。

同样的是：水中不留痕迹，船儿已经行过。

人生如一叶扁舟作一次从此岸向彼岸的航行，行程有远近曲直之不同，境遇更是多种多样；然而不可避免的是：这船儿在行进过程中，一定会有各种各样的声音：风声雨声雷鸣声，桨声舵声水流声；人们的笑声哭声狂呼声，还有那激昂的争辩声和隐忍的叹息声，更有难以言喻的心声……

船行之时的种种声音，虽有高低之分、强弱之别，但都无不本真地记录了当时当地社会人文的真情实况，特别是当时当地人们的心路历程、心声；从不同侧面映现了时代风云和社会风情……

我深感幸运的是，经历实属难得的丰富多彩，体悟可谓深刻而难忘。如今年近耄耋，欣然回眸，重新面对自己在人生旅途中那正正歪歪、浅浅深深的足迹，都依然清晰可见；沿途亲闻的种种声音又在耳畔回响，目睹的种种景象也映现在脑屏幕上，这令我感慨良多，思绪绵延，想到这些都是不应该淡漠和遗忘的，我有责任力所能及地作些记录整理，以供人们尤其是年轻同胞参阅。

是为序。

2013 年 11 月 20 日写于乐耕堂

目录

缘　　起

欣然回眸，感慨万千……

1987 年 4 月 10 日至 16 日举行的上海市南市区第九届人民代表大会，经无记名投票选举，宣布计票结果，李伦新全票当选南市区人民政府区长。全场掌声热烈。

我也和大家一起鼓了掌。这既是为庆贺区人代会的成功举行，也是为感谢代表们对我的信任，更是为投了自己的赞成票，情不自禁地鼓了掌。掌声如心声。

虽然早已过了容易激动的年龄，我当时的心情还是不免有些激动，这，决非因为个人荣升。当然，我的人生旅途如今到了一个新的起点，不免瞻前顾后，百感交集，思绪如脱缰的野马，一下子想到了很远，很多……

当场有记者采访，要我谈谈全票当选区长的感想。我毫不迟疑地说："全票当选有偶然性，这也与我的经历不无关系。"是啊，离开上海二十多年，从外地回来后重新

做梦也想不到，我能回到上海，不久被选为南市区区长。

工作不久，人际关系和代表们对我的认知，起了相当作用。

在回答记者的问题时，我坦言："不错，我也投了自己的赞成票，这是因为我有当好区长的思想准备和为人民服务的心愿。这里的'当好'二字，我是经过考虑的：要么不当，当了，就必须当好；当好，就要尽心竭力，鞠躬尽瘁，为全区83万人民服务，争取大多数人民群众满意，使人民代表们，不会后悔投了我的赞成票！"

这天晚上，我心潮起伏，思绪万千，久久难以入眠，自己的人生旅程又遇到了一次展现能力的机会！是的，我曾经一帆风顺过，也经历了曲折坎坷，不免感慨万千，想到自己已经过了但丁所谓"人生的中途"，半百之年是怎样过来的？生在抗日战争烽火连天时，长在解放战争时期喜庆翻身日！沐浴着新中国的阳光闯荡上海，生命中幸遇良辰吉日，生活中喜逢良师益友，走上革命道路、走向光明前途；万万想不到会一跤跌得头晕目眩、几乎身败名裂！二十多年的另类生活，不知哪天才可以抬起头、挺直腰活得有意义？

我幸运，盼到了这一天！祖国的天空一扫阴霾以后，随着"拨乱反正"而来的阳光，温暖了亿万同胞的心灵，也照亮了我的前程！啊，改正了，恢复了，重新回到上海了，回到原机关工作了！更为重要的是，重新有了实现革命理想的可能性了，我怎能不感慨良多？

我想：我应该怎样以实际行动，努力把损失了的时间尽可能地追回来？如何让自己的余生不但不光阴虚度，而且能为实现曾经的理想和重拾文学梦，继续努力奋斗？

今天被选为区长，我唯有竭尽全力为全区人民服务，别无他求！是的，我虽不才，却酷爱写作，这是我无悔的人生追求。纵有所谓“祸从口出”、“罪因笔生”的教训，我也不会放弃写作的梦想。我还要正确认识和对待过去的曲折与坎坷，处理好工作与写作的关系，全力以赴地做好工作的前提下，不要丢掉手中的笨笔，忙里偷闲，将自己的亲身经历和所思所感记下来……

这里奉献给读者的，就是我的亲身经历和所见所闻所感所思……

生　　日

人生命运从呱呱坠地起就如影随形。

窗外寒风呼啸，屋内灯火通明，床上躺着的产妇，已经满头大汗，叫声也有些嘶哑，她忍受着疼痛，连声呻吟。

“忍忍，再忍忍，就要生下来了！快了！”产妇的婆婆，布满皱纹的脸上掩饰不住的喜悦，颤抖着手往玻璃罩子灯里加了些火油，转身对媳妇轻声说。

“外面的世界冷，小家伙赖在暖和的娘肚子里不肯出来！我碰到过的多了，最后还不是都乖乖的出来了？”见多识广的接生婆，自信地说。

婆婆信服地点点头，脸上掠过一丝笑意。她走出房门，到厨房里往灶膛里添了把柴，烧热水，一面忙着准备红糖、鸡蛋，一面轻声祷告：阿弥陀佛！菩萨保佑！

全家人都在厢房里等待着，已经等待了很久，谁也不愿离开，也都毫无倦意，添人进口，天大的喜事，个个都喜形于色地等待着，等待着。直到东方现了鱼肚白，雄鸡引颈高歌时，婴儿才呱呱坠地，来到人世间发出的第一个声音，是啼哭，只是他哭得很厉害，哭声响亮，哭了很长时间。

接生婆感叹地自言自语：人生下来时的情形都差不多，谁也没法挑挑拣拣；往后过什么样的日子，成为什么样的人，那可就千差万别了，结局更是难以自己把握的。哎，你这个小家伙将会是怎样的命运呢？只有天晓得！

实话说，落地一声叫，命运早定好。一个人的命运，从呱呱坠地起就如影相随了。

初生的婴儿只会以不停的啼哭表现自己的存在。这小家伙哭声响亮有力，仿佛是在证明自己是个男子汉，宣告来到这人间世界了。

果真是个男孩！祖母从婴儿的哭声做出判断，但她喜在心里，却不露声色，直到接生婆向她道喜时，她才笑呵呵地连声说：我晓得是男的，早就为孙子取好了名字，叫红喜……

这个啼哭着来到人间的小生命，就是我！

当然，以上这些，都是祖母后来告诉我的。

无论如何我应该感激父母的养育之恩，是他们把我带到这个人间世界来的。这是我一辈子都不能忘记的！

1934年12月30日，是我的生日，是我人生之旅的开始。

人生的起点由不得自己选择，但人生的道路怎样走，走向什么样的目标，到达怎样的终点，能自己选择吗？这是我一辈子面临的课题，当然不是简单的选择题。

我在人生旅程中跌跌撞撞、磕磕碰碰地已经走过了七十多年，在年近耄耋时，我常常凝神审视自己在岁月长河岸边留下的足迹，深深浅浅、正正斜斜，都幻化成了文字，如实地记录下了我所经历的一切，是只有自己才能读懂的一切！

如实地记录整理这一切，不是为了回味自己已往生活的酸甜苦辣咸，也不是重复一遍曾经的喜怒哀乐愁；而是想让我辈的后人能从中吸取某些经验教训，并从一个侧面反映我们的国家和民族在这一特殊年代的历史变迁……如实记叙这个特殊年代一个中国男子遇到的种种人和事及所见所闻所思的心路历程，也借此机会由衷感激一切有恩于我的人和有助于我的人。

生日，是人的生命的节日。呱呱坠地来到人间世界，从此开始人生之旅，渐行渐近地到达人生旅程的终点站，形成一条只属于自己的生命航线，不仅记录了这个人生命的长度、色彩，而且记录了生命的重量、质量。每个人的人生轨迹都是独特的，但却有一个相同的规律，那就是每隔一定的距离，都有一个“点”，像树的年轮那样有一圈，叫生日——生命的节日。

这是我敬爱的母亲宫翠云。(父亲李坤山生前没留下照片)

生日，一年一次，让人们记住生命的来龙去脉，有益于感悟生命的真谛，有助于理解生命的意义，体验生命的价值，从而自觉地珍爱自己的生命，善待他人的生命，敬重所有人的生命尊严！切忌不要因为你活着而使别人没法活，更不能因为你活着使别人活不好，而应该努力做到：因为你活着能使别人活得好些、再好些！

自己过生日或为他人祝贺生日，都是唤醒人们容易淡忘的生命意识：提醒人们牢牢记住：生命，每个人仅有一次。人，从童年、少年到青年、成年以至老年，过生日的次数充其量不过几十次，至多百把次，可见生命珍贵，理应珍惜，那就要过好每一天。过好每一个生日，就能过好这难得的一辈子！

我的家乡有个习俗，小孩一周岁，叫“抓周”，照例在一个盘子或箩筐里，放一些钱币、玩具、书本、铅笔之类的小东西，让孩子自己去抓，以卜其长大以后的兴趣、志向以及脾气、性格等。如喜欢抓钱币，被认为爱财或将来会发财；抓书笔，有望好学而成才……

我不知道自己当时抓的是什么？长辈们也没有告诉过我，我也没有问过，也许，我抓的是一个牛的玩具？似乎冥冥之中注定了我和牛将结下不解之缘？会走一条牛化的人生道路？

“厌蛋”

求知的原动力，是好奇。

我从小跟祖母一起生活，和祖母形影不离，她是我最亲的人，也是我人生的第一位老师。

在我的记忆中，祖母的一双小脚，就像两只三角粽子，每当她洗脚时，我总会好奇地看着，她解开一层一层长长的裹脚布，露出变形了的小脚，脚趾都被嵌进肉里了。剪脚趾甲，很是困难，常常剪出血来，痛得她“喔哟、喔哟”地叫，但却竭力忍着，从不发一句怨言，仿佛本该如此似的。后来我才知道，这双年幼时被强行裹成的小脚，还有个文雅的名字，叫“三寸金莲”。我的祖母就是用这样一双小脚，艰难地走着漫长的人生之路。

祖母姓芮，菜农的女儿，没有名字，叫李芮氏。她没有读过书，常以自嘲的口吻说：“斗大的字，我识不了一箩筐。”但她心地善良，对孤苦患病的李家义子来福，给予长期关怀照顾，给我留下了难忘印象。她为孤苦无依身患癞疮的来福大爹换洗衣服，耐心安慰，用善良温暖人心。祖母心灵手巧，家里的事情不分大小粗细，她样样能干，特别是还会剪纸，剪的福字、寿字、大红双喜字，都很工整，还会剪好看的窗花，有喜鹊登枝、鱼跳龙门等，都活灵活现。祖母一手拿剪刀一手拿纸，灵活地转动着，转动着，就剪成了两只喜鹊，看得我睁大了好奇的小眼睛，心痒痒地想伸手去试试，但总是被她阻止了，嗔怪道："男女有别。好男儿不做女子的手工活。"

记得有天傍晚，祖母正在家里剪纸，门口有人喊，她叮嘱我在家看门，就放下剪刀和纸出门去了。我看看这花花绿绿的纸，这神奇的剪刀，就禁不住动手模仿祖母的样子，也右手拿剪刀，左手拿纸，剪了起来，剪呀，剪呀，剪的什么都不像，越是不像，我越要剪，剪了一地的碎纸！

祖母回来看了，心疼地连声说："啊呀，你这个小厌蛋，把这么多的纸给糟蹋了！"南京方言，说孩子顽皮叫"厌蛋"。她看看愣在一旁的我，抓起我的小手看了看，关切地问："没剪疼手吧？"祖母不但没有打我骂我，也没有责怪我，只说了一句："以后不要瞎剪，你是男孩子，男子汉不做女孩儿做的事，男儿当自强啊！"这给我留下了难忘的印象。

祖父在汉口做事，只在春节前回家，过了年就又走了。他在我记忆中的形象，是身穿长袍马褂，头戴礼帽，手拄文明棍，一副不可亲近的派头。他坐在客厅里太师椅上，嘴里叼着一支香烟，微微闭着双眼，轻轻地摇晃着身体，那香烟头不时闪亮一下，嘴角无声地吐出一缕烟雾，渐渐的，烟头的烟灰蛮长了，却不会掉下来！

我对祖父是敬畏多于亲近，他吸烟的这副派头，我倒是很佩服的。男人就应该这个样子！

记得有次祖父出门去了，将一包香烟放在桌子上，我就拿了一支，带上火柴，来到菜园子里，躲在角落处，坐在石凳上，跷起了二郎腿，学祖父的样子，擦着了火柴，点上了香烟，只吸了一口，就呛得忍不住直咳嗽，眼泪鼻涕都呛出来了。

正在这时，祖父举起“文明棍”打在了我的头上，我措手不及，慌忙双手捂头，拔腿就跑。祖父在后面追，边追边骂：“不争气的东西！没出息子孙！乐耕堂的败家子！”我心里不服，点支香烟玩玩，就是不争气，就算败家子？祖父毕竟上了年纪，他没能追上我。

我不是个乖孩子，生来就很顽皮，所以人家都叫我小“厌蛋”。

天黑了，我不敢回家。祖母找到了我，说：“家鸡再怎么打，还是沿着自己的家团团转，野鸡一打就满天飞了。你还不回家去向爷爷认个错？”她拉我回家，反复对我说：要学好，不要学坏。知错必改才是好孩子！我回到家就埋头吃晚饭。祖父开始只顾自己吃饭，放下碗筷后才长叹一声，讲了些教训我的话，至今记得：“男孩儿要争气，要有志气，不要做败家子！”

这些话我一直没有忘记。可是后来我还是成了烟民，且烟瘾很大，烟龄很长，在那些困难的日子里，买不起香烟，就自己买来烟叶，切成烟丝，自卷成“喇叭烟”，抽得挺过瘾的。后来，因为咳嗽，医生对我说，你如果继续抽烟，就不要再来看医生了；如果来看医生，就不要再抽烟！

我选择了后者，下定决心，就在从北京回上海的列车上，举行了“隆重”的和香烟告别的仪式以后，毅然将吸剩的半包香烟和打火机扔出窗外，决心戒烟，结束了三十多年烟龄，从此没再抽过一支香烟，为此我还写了一篇《香烟的故事》。这是后话。

启　　蒙

童蒙初开时受到的训导，会影响一辈子。

每当在汉口做事的祖父一回到家，就开始忙着准备过春节了。

贴好春联，照例在客厅里挂上一帧老祖宗的遗像。这是一位朝廷命官的坐像，他头戴官帽，身穿官服，显得既庄重又威严。

吃年夜饭前要先祭祖，摆好供桌后，祖父到门口去请来乐耕堂的“祖宗先人”入席，子孙们就依次磕头，三跪九叩首，但只限于男丁。

记得这年过春节吃过年夜饭，祖父的神情显得特别庄重，他让我在老祖宗像前跪下，要我望着老祖宗遗像好好想想：自己长大了做一个什么样的人？

我跪了好长时间，膝盖都有些疼了，祖父才严肃地对我说：“你今年要上学了，应该懂事了。我们乐耕堂的子孙中，败家子不多，有出息、有能为的也没几个。这位老祖宗是我们李家后代的楷模，是你为人处世的学习榜样。我们家住的这座至今还被叫作‘十亩田里新房子’的祖居，门口有照壁，五开间三进的楼房，门楼有砖雕、石刻，还有七间偏房，不仅是全村最大最好的，在全县也是少见的，这房子就是他老人家盖的，可惜后来被一场大火烧掉了两进。你可不要做一个挖墙脚的败家子啊！”

祖母则在一旁轻声对我说：“是啊，奶奶不识字，苦了一辈子。你爹爹没能耐，是个无用的人，你一定要有志气、争口气啊……”

祖父祖母对我的这番教育，语重心长，而且不同形式地重复了多次，使我印象极深，没齿难忘。

这年春节过后不久，一个阳光明媚的早晨，我手提灯笼去上学。灯笼里点着蜡烛，亮堂堂的，灯笼上一面贴着“乐耕堂”三个字，另一面贴的是个大大的“李”字，灯笼上还挂着一束鲜嫩的青葱，为的是讨个聪明的口彩吧？真是意味深长。

我不要家里人送，要自己去上学。祖母就一再叮嘱我，不能让灯笼里的蜡烛熄灭，见了先生要鞠躬。

母亲则远远地目送着我独自走去，直到我走进李氏宗祠。

前三岗村的村塾设在李氏宗祠内，在供奉祖宗牌位的右上方，供奉着一尊“大成至圣先师孔子之位”的牌位。我进学堂后的第一件事，就是在先生的指教下，向孔子牌位鞠躬致礼。从此以后，每天早上到学堂后的第一件事，就是恭恭敬敬地向孔子牌位三鞠躬，学生们个个这样，天天如此。

教书的只有一位老先生，稀疏白发下的四方脸上，总洋溢着慈祥和蔼的笑容。他手里总拿着把小小的骨梳，不时梳两下本已整齐的白胡子。他姓程，单名“不”字下面一个“风”字，这个字一般字典里查不到的。村里人大都尊称他“程先生”，我们几个比较调皮的学生背后都叫他“不风先生”，当然，当面是不敢这样叫他的。

“不风”先生名如其人，他独自一人住在祠堂里，教20来个程度不一的男学生，一日三餐都由学生挨家挨户轮流送来。他每餐总要剩下一些饭，让学生带回去，为的是避讳一句口语：“程先生的饭吃完了吗？”“程先生的饭吃完了。”他要的是“程先生的饭没有吃完。”

“不风”先生有时也会对不好好读书的学生发脾气，用铜戒尺打那学生的手心，打法分三种：他让学生把手伸出来，戒尺打在手心，能往下让，不怎么疼；他左手抓住学生伸出的手，用右手举起戒尺用力打，很疼；他要学生将手掌伸直了搁在桌子角上，戒尺打下去硬碰硬，疼得钻心，疼得人呱呱直叫，要疼好几天。打过了，气消了，放学时，程先生总要将被打的学生留下来，无声地抓起那只有些红肿了的手，看着，抚摸着，动情地说："肿会退掉，疼也会消掉，可不要忘掉先生为什么打你啊！"谈话以后，他送学生到门口，又语重心长地说："人难免一时糊涂，可不能一辈子糊涂，不读书就难免一辈子糊涂！要好好读书啊！"我是被程先生打过几次手心的学生，他那恨铁不成钢的神情，他那疼爱学生的特殊表达方式，他那为人处世、教书育人的独特方法，特别是他那严于律己甚而至于对自己有些过于苛刻的种种表现，都给我留下了难忘的印象！随着年龄增长，我越来越敬重我的启蒙老师程先生……

后来，"不风"先生让我当了"学长"，上课时喊"起立！""敬礼！""坐下！"以及收、发学生的作业本等。

我从读《百家姓》启蒙，童蒙初开，开智，开窍。接着读《三字经》，念书可谓有口无心，心不在焉。尔后学《千字文》，也是囫囵吞枣，消化不良。继而啃《大学》和《中庸》，还是不得要领，不求甚解。再后来读《幼学琼林》，尚未读完，就因时势和家境而辍学，不久就离家去南京当学徒了。

尽管如此，我在上村塾时读的这些书，还是为我以后继续学习打下了基础，所学的基本知识和受到的启蒙教育，同祖父母对自己的家训联系起来，是我毕生受用的。乡村教师"不风"先生的形象，他的言谈举止，包括三种不同的打手心方法……我一直难以忘怀，对我有潜移默化的影响。

更有终生难忘的一个情节：突然有一天，“不风”先生异常兴奋地对学生们大声宣布：鬼子投降了！鬼子投降了！他的声音有些哽咽，眼泪汪汪的。

没过多久，听说上级要来“督察”，“不风”先生按照上面的要求，挂上了蒋介石委员长的全身像，但他依旧要学生们每天到校后向孔子牌位行鞠躬礼……

要　　强

女人有家就是“嫁”，男人要强就是“勇”。

这天傍晚，放学以后，我走在回家的路上，一蹦一跳的很开心，因为先生在上课时表扬了我，说我读书用心，写字认真，要我更加努力。有的同学朝我投来羡慕的目光，有的还对我扮了怪模样，班上全是男生，没有女生，似乎女孩儿都不必读书识字，对此人们都习以为常了。

刚走近自家的照壁前，我就听到对面南木山上有人大声喊:“打起来了！要出人命了！”我没有停步,刚跨进家门，祖母悄悄地对我说: 快去看看,听说你爹在山上……你快去，就说奶奶叫他马上回家！奶奶很担心的样子，着急地连连催我快去!

我父亲名坤山，文质彬彬的一介书生，我印象最深的是他写得一笔好字。他在离南京市不远叫龙潭的地方，供职于一家中药店。近时他经常回家，闲来无事，有时就教我写毛笔字。他写的字我看比程先生的还好。不知为什么他回家的间隔越来越短，和母亲拌嘴吵架却越来越频繁，后来就干脆待在家里不去工作了，说是身体不好。他一个文弱书生的样子，怎么会和人家打架呢？

当我快步奔上南木山，看到对面前程山上有不少人在看热闹，但看不见父亲的身影。这两座山都不高，严格说来只是土丘而已，中间有一口养鱼塘和几亩水田，相隔不远。我拔腿就奔，很快看到父亲被一个大汉逼得连连后退。他用两手遮挡着自己的头和脸，一副生怕挨打的样子……

这情景深深刻印在我的记忆屏幕上，永远也无法磨灭，常常会清晰地映现出来！

父亲体弱多病，胆小怕事，祖母常常说他是个“肩不能挑担、手不能提篮”的人。从来也没有和人家打过架的父亲，在那彪形蛮汉的威逼面前，根本没有招架的能力，那节节后退的样子，使我看了感到非常难过……怎么办呢？我又不能去帮父亲，只好逃也似的跑开，跑回家里，一见祖母，再也忍不住地哭了起来。

她老人家好像已经预料到了事情的来龙去脉，什么也没说，默默地将我拉到她怀里……

过了好一会，祖母长长地叹了口气，泪流满面地对我说：“你父亲是三房共一子，乐耕堂这才能一子单传，他是我们李家接续香火的独苗，从小就被娇生惯养，饭来张口、衣来伸手，长大了肩不能挑担、手不能提篮。娶亲后，一连生了你们弟兄四个男孩（小三仔掉在家门口的塘里，淹死了），李家又重新人丁兴旺起来，全家人都对你父亲另眼相看，百依百顺，我也没对他严格要求，唉，养成他既没有本事、又不肯要强，成了个懦弱的、窝囊的男人，怎能不被人家欺侮呢？孩子，你可不要像你父亲那样，你要争口气啊！”祖母说时一直在伤心落泪……

祖母的泪眼和叹息，深刻在我的记忆中，一辈子也忘不了！

此后的一天傍晚，也是放学回家的路上，我看到几个男孩在玩一种“滚铜板”的游戏，就是将一块长方形砖头支撑起来，成斜坡状，用右手将铜板举得高高的，瞅准了往斜置的砖面上一丢，铜板就滚向前去，看谁的滚得远？我毕竟还是孩子，看着看着，心痒痒的也想试试。有个小伙伴就走过来，递给我一个铜板说：“喏，你来滚。”我就接过铜板，不料刚抬起手，铜板就掉在了泥地上，连砖头也没碰到，引来了哈哈大笑。

我的自尊心受到了刺激，不服输而要争强的劲头上来了，就拾起铜板说：“重来！”可能由于慌张的缘故，铜板虽然砸在了砖头的斜面上，却没有滚多远，就倒下了。我不服气地说还要再来，大家却说不可以，要轮流。我就只好站在旁边，看着。

滚铜板的游戏继续轮流进行下去，我暗暗下决心一定要赢，决不能输！

可是，不知不觉地天色就已经暗下来了。“不早了，停吧。今天红喜输的次数最多，你要当马，让大家骑！”住在村西头一个外姓的男孩说着，就伸过手来要按我弯下腰。我猛地用力一挡，大声说：“事先没讲过要这样，不准碰我！”

“你敢犟？”那个人说着就伸手来拽我，被我猛力一推，推得他跌了个“狗吃屎”，“哇哇”直叫。我拔腿就要跑，却被他们一伙拉住，企图将我按倒，乘势骑到我的背上来。我不知哪来的一股蛮劲，用尽力气挺直身子，甩开了揪住我的人，又将企图骑到我背上的人推倒在地，在他们还没有醒过神来的时候，我已经飞快地跑远了……

一口气跑回家，我把刚才发生的事情，一五一十地对祖母讲，口气中不无自豪和骄傲的意味。想不到祖母却长叹一声说：要是你父亲刚强，谁敢欺侮你？奶奶喜欢你的要强！要不被人家欺侮，你自己就必须要刚强啊！奶奶指望你的翅膀快些长硬，早早远走高飞……

这件事在我幼小的心灵深处，埋下了要做个刚强的人的种子。

伤　　疤

皮肤是母亲给的第一衣，伤在儿身痛在娘心。

我的父亲是三房合一的独子，字经权，号坤山。他在南京市龙潭地区的一家中药店工作。卢沟桥事变发生后，失业回到家里，闲来无事，有时写写毛笔字，看到的人都夸他的字写得好。他偶尔也教我写“上大人，孔乙已”这几个字，只教了几次，就再没兴致教了，都是因为日本鬼子常来骚扰，不得安宁！

我们前三岗村，离南京市只有30来公里，离住了不少鬼子的湖熟镇只有三华里，经常有鬼子到村里来无恶不作。村民们经过商量，决定轮流派人“望风”，爬到村口大树上“望风”的人，远远看到有鬼子兵，就大声喊：“鬼子来了！鬼子来了！”村里的人们听了，就惊恐地“跑反”，也就是朝鬼子来的相反方向快跑，跑到附近的山洞里去躲藏。记得我家在村前南木山的斜坡处，挖了一个山洞，洞口朝着小水塘，塘边长着一丛丛小树和野草，可作掩护，不大容易被发现。洞里搁着几块木板，还备有简单的铺盖。每当听到“望风”的人喊鬼子来了，父亲就让我骑在他的肩膀上，他抓住我的两条小腿，一颠一颠地跑得飞快。为了不让我哭出声来，祖母还在我胸前的小口袋里，放了些炒熟的豆子。父亲总是边跑边喊着我的小名：“红喜乖，红喜不怕，吃豆豆，不哭……”

由于鬼子常来村里烧杀抢掠，为所欲为，村塾被迫停掉了。家里的生活越来越艰难，常常只能吃些野菜等充饥，最难下咽的是“糠巴巴”，就是用糠和野菜做的巴巴，吃时实在难以下咽，我哭着不肯吃，实在饿得慌，只好和着眼泪吃……

怎么办？母亲就想将我送到二姨家去。我二姨妈家住在永安村。二姨父是做裁缝的，俗话说，荒年饿不死手艺人。他们膝下无子女，如今日子过得比我家稍许好些。母亲送我去二姨妈家时，一路上再三叮嘱我要听姨父姨妈的话、要学好、要懂事，要让姨父姨母喜欢……当时，我木知木觉的，后来才知道，母亲曾有意让我去当二姨妈的寄子，让我从糠箩里跳到米箩里去，能有口饭吃！

毕竟还是童蒙初开的孩子，在二姨妈家，能吃到米饭，很快就习惯了新的环境，和左邻右舍的小伙伴在一起玩，踢毽子、滚铁环、打铜板，渐渐地消除了陌生感。

记得那天早上，隔壁邻居家一个名叫“小十子”的，悄悄地来对我说，鬼子又进村了，敢不敢去看看？看看鬼子到底是什么样子？我点点头，两人就向村西走去，那种紧张、神秘、好奇，想来还有些害怕。但我俩还是勇敢地走去，走到了正在打谷场上的鬼子旁边，听不懂他们叽哩咕噜的在说些什么，有个汉奸走过来对鬼子嬉皮笑脸地说，花姑娘大大的有……

正在这时，“嘭！嘭！”枪声响了。鬼子也乱打枪。后来听说是游击队打鬼子，吓得鬼子乱成一团，就胡乱开枪。

我和小十子拔腿就跑，枪声就响在耳边，子弹从面前飞过。我拼命往菜园地里奔去，突然脚下一绊，跌倒在地，头砸在铺路石上，顿时鲜血直流，用手一摸，一看，全是鲜血，吓得我呆住了，但我没哭！记得祖母说我是个不爱哭的孩子。哭有什么用？不哭！我在小十子搀扶下，回到了姨妈家。姨父姨母倒没有怎样责怪我，只是说，多危险啊！姨母叮嘱：下次不要再这样瞎跑了！

姨父是裁缝，专门为人家做衣服的，他在给我包扎伤口时说：“皮肤是母亲给子女的第一身衣服，要穿一辈子的！这伤疤也会跟你一辈子，不要好了伤疤忘了痛，要永远记住。”姨妈则连声叹气说：“男孩子都是‘厌蛋’，还是让他回自己家去吧！”

小十子的妈妈给我送来了四个水煮鸡蛋，说是让我补补身体，一定要我吃下。好吃是蛮好吃的，只是一下子吃下了这么多鸡蛋，肚子怪胀的，印象很深……

从此，我的右眼上方留下了一条伤疤。

母亲来接我时，看到这伤疤，心痛地哭了，她说："儿子跌伤那天，我一直右眼跳得厉害，无法安静，我就想到红喜会不会出事？"

做裁缝的姨父对我母亲说："儿是娘的连心肉。儿子的皮肤是母亲给的第一套衣服，要穿一辈子的。俗话说伤在儿身，痛在娘心，就是这个道理。"

母亲给我的第一套"衣服"上，就这样留下了伤疤，留下了我刻骨铭心的痛，刻着对日本侵略者终生难忘的恨。

当母亲来接我回家时，姨妈抚摸着我的头依依不舍，但我只想快些离开这里，因为日夜想念我的祖母，恨不得跑回家去扑进她的怀里！在姨母家，姨父膝下无子女，而他的哥哥和弟弟都有几个儿女，显然是恐怕我"过继"给姨父做义子，继承姨父的家产，因此他们对我很冷漠。如果我是女孩，他们就不会这样看待我了。

我回到自己家里，祖母见了就将我搂在怀里，问我伤的怎么样？我告诉祖母受伤的经过，祖母疼爱地轻轻抚摸着我伤口的周围，禁不住掉泪。她反复叫我记住："日本鬼子不是人，是披着人皮的狼！是强盗！"我忍着泪水，没有哭，懂事地连连点头……

“上丁”

男人用心读一辈子男字，也未必真能读懂。

我们家住在前三岗村的西头，听大人们说，村上除了一户姓谢一户姓邹的，一户虽也姓李但却不是和我们同祖同宗，除了这几户外姓，全部都是李氏宗祠的子孙后代，再也没有外姓旁人了。这李氏祠堂依山面水，三间两进，中间有个天井，天井里种有两棵梧桐树，枝繁叶茂，常有麻雀叽叽叫，偶有喜鹊登枝叫喳喳。平时这里是村塾，逢年过节则是李姓族人的聚会场所。

听长辈们说，祠堂里每年有三次重要的祭祀活动：农年的正月初一、清明节和十月朝。最为隆重且有几分喜庆几分神圣气氛的是正月初一这天早上，凡是李氏门中的子孙，对了，只限于男人，并且要过了十周岁的，才能进祠堂。男子们大都穿戴整齐，喜气洋洋地来到祠堂，互致拱手礼伴随问候声，尔后在祖宗牌位前焚香磕头，礼毕，喝茶聊天，等待族长致辞后，宣布开席，美美地饱餐一顿。可是，近年来由于日本鬼子常到村里来骚扰，祠堂里冷冷清清，连老祖宗们的在天之灵也不得安静了。

祠堂只限于男丁进入，女人，无论是李姓的姑娘还是娶来的旁姓媳妇，都不得入内。这仿佛理所当然，都无异议。在我的潜意识中，也深深扎下了男女有别的根子，男人就是不同于女人，至于不同在哪些方面？当时是模糊不清的，后来也只是觉得，重男轻女之重，无非是男人要比女人的担子重、责任重、压力重。不是吗？这男字，田字下面一个力字，用力种田的男人能轻松吗？

我虽说早已提了个灯笼去上了学堂，走进这设在李家祠堂里的村塾，但按族规，我还没有“上丁”，也就是说还没有按族规满十周岁进祠堂在族谱上写上名字。生了男孩叫“添丁”，“人丁兴旺”似乎也只指男性，将年满十周岁的男孩名字写上祠堂的族谱，才正式成为李家的子孙。依稀记得我走进祠堂去“上丁”，是满十岁那年的正月初一，由祖父带我走进李氏宗祠，见到的当然都是男性长辈。一位戴眼镜的白发长者，在将我的名字按辈分写上族谱之前，凝神望着我反复说了大意如下的话：李氏后代的男子汉要光宗耀祖，万万不可辱没祖宗先人！男人的男字，你要用心读一辈子，也未必真的读懂了其意，更重要的是，男子汉要有志气要争气，男人就要像个男子汉、大丈夫……

"上丁"时在家谱上写上了我的名字：李纶新，我这名字是怎么取的呢？记得那是在我开始上学前的一天下午，我跟随母亲从湖熟镇走在回家的路上，同行的有程老先生的二儿子程玉书，他也是一位乡村教师，我母亲就请他为我取个学名。他问了我的辈分，按"仁义礼智信，新肇经纶本"排序，祖父李家祥，这是字，应是肇字辈，记不清肇字后面是个什么字了。父亲名李坤山，字经权，是经字辈。我应为纶字辈了。他斟酌再三，就给我取了"李纶新"这个名字。那么为什么我后来一直是写成了"李伦新"呢？因为我在从家乡迁户口来城市时，把纶字写成了伦字，将错就错，我的名字就成了李伦新，一直沿用至今。族谱上写的是否是"李纶新"，却又无法查对了。

李氏宗祠在那不该淡忘的"十年浩劫"中被毁，族谱也荡然无存。我家那幅老祖宗的遗像也不知去向，据说是"文化大革命"中抄家时，被造反派"抄"去了，后来落实政策时又说，包括这幅祖先的像在内的字画古董是应该归还的，但又说因为下落不明，找不到了就无法归还，也就不了了之。

不过，这幅像留在我们乐耕堂子孙后代的心里，却是不会消失的……

生　　计

少年时的愁滋味，是长大成人的营养素。

我从永安村二姨妈家回到前三岗村自己家，家里的生计越来越成问题。祖父、父亲都失业在家，无所事事，“坐吃山空”这句话常挂在祖母嘴上。祖父不再嘴里叼支雪茄烟，悠然自得地微闭眼睛摇头晃脑了，代替的是常常唉声叹气，有时还莫名其妙地朝祖母发脾气。祖母总是忍气吞声，逆来顺受。父亲也不像以前那样兴致勃勃地教我写大楷字了，终日愁眉紧锁，独自闷闷不乐地抽烟。主持家务的祖母从不非议祖父，只埋怨儿子不争气、没出息，说他“肩不能挑担、手不能提篮，这样坐吃山空，日子可怎么过？”

在前三岗村，比我们家更困难的人家多得很。当我有时捧着饭碗，愁眉苦脸地吃着用红薯叶子放少许米煮的稀粥，一副难以下咽的样子，祖母就愤恨地说：“都是日本鬼子带来的灾难！”她愤愤不平地列数日本鬼子在南京的大屠杀，杀了好多中国人！接着她就好言好语地哄我，说国家一时遭难，家家户户就都遭难，可怜的孩子也难免遭难、受苦。喏，村上又有孩子饿死了，又有孩子外出去讨饭了……

为了生存，祖母带我去地里种菜。她夸我人长得还没有锄头柄高，坌地的力气倒不小。我和祖母两人抬一桶粪肥去地里浇菜，我矮小，扁担上的绳子自然会往我这一头滑，祖母说我肩膀还嫩，怕压坏了我，总是悄悄地将绳子往她那头拉，拉了滑，滑了又拉。我头也不回地说："奶奶，你不要拉，我抬得动！"

记得那年夏天，有个闷热的夜晚，我和祖母在自家的后门口乘凉。我睡在竹床上，仰望着星空，想着祖母讲过的牛郎织女、嫦娥奔月等好听的故事，就嚷嚷着要她讲故事。她一手摇着芭蕉扇为我扇风赶蚊子，一手轻轻地抚摸着我的脑袋，心事重重地对我说："红喜呀，你还小，等你长大就好了，我们家就指望你了。"

我听话地点点头，想了想说："奶奶，有什么事你让我做，我不小了，我一定做好！"

祖母挥动着芭蕉扇，在我身上拍打着，想了一会，长长地叹了口气说："实在没办法，奶奶今天要和你商量个事，你要听奶奶的话。"

我急切地问："什么事？你讲，我一定听你的话！"

祖母弯下身子对着我的耳朵轻声说："你先不要嚷嚷，

听我说。活人总不能等着饿死吧？我想让你到湖熟街上去，贩些大饼油条，到邻近的村里去卖，赚几个钱来养家糊口，你看……？”

我一时还没弄清是怎么回事，祖母见我没有像平时那样爽快地回答，就长叹一声说：“你小小年纪，怎么能让你一个人去吃这个苦呢？我是实在想不出别的办法啊！”说到这里，她忍不住哭了，泣不成声地说：“要不是我这双没用的小脚，我早就自己去卖大饼油条了，眼睁睁地看着一家人挨饿，难受啊！日子总得想法子过下去啊！”

“奶奶，我去！”见祖母这样，我连声说：“奶奶，你就让我去卖大饼油条吧！”

奶奶马上用手将我拉到她身边轻声说：“老话讲，有志不在年高，无志空长百岁！你可要有志气啊！奶奶我现在也不哭了，哭有什么用呢？哭不来大米小麦呀，哭不饱肚子呀，我们不哭！”接着，她讲了具体办法，说事不宜迟，明天就开始。

第二天，天刚麻麻亮，我被祖母唤醒，睡眼蒙眬的，好不容易才醒过神来，想起昨天晚上答应祖母的事，连忙起身，用凉水洗了把脸，接过祖母递过来的钞票，藏好，拎起只竹篮子，拔腿就要走。祖母一把拉住我，又反复叮嘱路上要当心，钞票要当面点清。我连连点头，转身小跑而去。

天还没大亮，独自走在去湖熟镇的小路上，我没有害怕，倒有些新奇和豪迈的感觉，仿佛一下子长大了不少，很快就走到了湖熟街上，批发好了大饼油条。在往回走时，我绕到邻近的后三岗村，向陌生的人们去卖大饼油条，为的是免得碰上本村熟人怪难为情的。人家都以好奇的目光看我这个卖大饼油条的小孩，有的还问这问那，就是不买我的大饼油条，一笔生意也没做成！我又绕道去了叫窑上的村子，结果还是没有做成一笔买卖！

回到家，我呆若木鸡，什么都没说，也没哭。祖母看看篮子里的大饼油条，全明白了，她鼓励我说，凡事开头难，不要灰心、不要泄气，明天，继续！

可是，第二天也还是没有卖掉一个大饼油条！

第三天，也只卖掉了两个大饼和一根油条！回到家，我扑在祖母怀里，再也忍不住地哭了。祖母变得严厉地说："不要哭！眼泪是不能当饭吃的！俗话说，男儿有泪不轻弹，是要留着滋润自己的心，让心硬气，人就刚强！"她叹口气又说："钱是哭不到你口袋里来的！"我听着。不再哭了，记住了祖母的这番话，以后常常咀嚼、回味……

这可谓给我上的人生第一课，何止只是让我知道了生活的艰难和世态的炎凉？

学　　徒

有志不在年高，年轻人要将吃苦受累当作成长的营养。

我们前三岗村，分东头、西头和应家三部分，西头大都是李姓后裔，东头有几户姓向的人家，多有在南京等城市工作的，像我祖父、父亲那样，逢年过节才回乡与家人团聚。有位名叫向有才的，他在南京市工作，回家探亲时，前来看望我的祖父。也许是看到我家生计成了问题，或许是念及往日的交情，他表示愿意帮助介绍我到南京去当学徒，但是还要再等等，看来日本鬼子就要滚蛋了，叫我们等好消息！

我像看到了希望的曙光，离开乡村，到城里去找个工作，是我们乐耕堂子孙们的唯一出路，祖辈几代男丁都在城市工作，但家还是在乡下。听说要让我去学徒，心里既高兴又有些担心，我自忖就村塾学到的那一点点文化知识，对这个“徒”字琢磨了半天，也没弄清是啥意思，总不会和“徒刑”、“囚徒”有点什么联系吧？会不会是“徒劳”、“徒劳无功”的意思呢？反正是要吃苦的吧？我已经12岁了，应该出门去学徒了，可以减少家里负担，少一张吃饭的嘴！祖母听说我要离开家，有些依依不舍，只是反复叮嘱我：“要争口气！要有志气！”

不久，期盼中的消息就传来了。

1946年春夏之交的一天早晨，我和祖母依依惜别。她默默无语地流着泪，久久地抚着我的头，深情地对我说：“去吧，孩子，不要想家，不要怕吃苦，做事要勤快，睡觉不要踢开被子……”我连连点头，没哭，只在心里说，我会争气的，奶奶放心好了！

我由母亲送到南京，来到中华门外雨花路，找到扫帚巷口转弯角处的一家商号，走进了萃福五洋店，开始了学徒生涯。和母亲分别时，天色阴沉沉的，我目送母亲离去，心里一阵难过，忍着，没哭。

介绍人向有才是店里的职员，他领我拜见了店里的几位先生，他们都对我打量一眼，审视目光中含有长辈的善意。介绍到向有志时，我才知道原来他和向有才是同胞兄弟，哥哥老成中有几分儒雅，弟弟则显得时髦而潇洒，对我不屑一顾似的，没当回事。

当天店里打烊以后，我在店堂间打地铺，第一次独自睡在这个陌生的地方，想祖母，想家，但因太过劳累，睏倦得很，很快就迷迷糊糊地睡着了。直到朦胧中觉得有人在用脚踢我，才睁开惺忪的睡眼，看见身材魁梧的张老板站在面前，就连忙起来折叠被子……

我在下店门板的时候，这才看清楚萃福五洋店的门面，这是一座建在雨花路扫帚巷口转弯角上的二层楼房，楼下有两开间门面的店铺，一面朝雨花路，一面朝扫帚巷。

张老板好像就睡在楼上。

店名为何叫萃福五洋号？开始我不能理解，渐渐才知道，店里经营的商品，如香烟叫洋烟、火柴叫洋火、肥皂叫洋皂、煤油叫洋油、蜡烛叫洋烛，样样都冠以洋字，所以叫五洋店。

抗日战争胜利后的中国首都，南京城里呈现的是特有的景象，八年抗战终于胜利的特定气氛，《何日君再来》的歌声到处可以听到。缺胳膊少腿的军人是受人尊敬的，他们来买香烟时会得到免费赠送，但后来也有个别的伤残军人态度蛮横，自称老子如何打鬼子有功，强行要拿走好香烟不付钱，引起争吵，引来围观……

清早就开门营业，直到半夜才打烊，当学徒的什么事都要做，开箱装箱，送货到码头，稍有空闲就扫地、抹灰，搞卫生，真正是“从鸡叫忙到鬼叫”，根本没有坐下歇会儿的可能！

老板规定，打烊以后，学徒要练习打算盘，先学加减，再学乘除：一上一，二上二，三下五除二……边念口诀边拨算盘珠，一遍又一遍。念着念着，我的眼睛就像黏了糨糊似的，睁不开了，手也随之停住；可是，实然意识到了什么，我连忙睁开眼皮，继续学打算盘，直到规定的11点半钟到了，才能在店堂里打开铺盖卷，在地铺上睡觉。往往刚睡着没多久，就要起来干活了，扫地揩灰搞卫生，卸店门板，开门营业！

店里零售瓜子、花生仁等炒货，要练习包三角包，这比学打算盘更难。一张小纸，将花生米包得鼓鼓的且要有棱有角，还要从柜台这头扔到那头，不会散开，实在难呵。我记着祖母叮嘱的话："要刚强！要争气！"，就坚持练习，想到祖母对自己叮嘱的话：功夫不负有心人，就咬咬牙齿继续练，不久也都学会了。

向有才先生是位有文化的人，经常对我讲为人处世的道理。我听了似懂非懂，总是注意听取。记得那是个大热天的下午，我站在柜台外，将成捆的麻线一根根接长，绕成团，这样的工作重复，单调，不知不觉地就打起了瞌睡。刚合上眼皮，朦胧间好像被猛踢了一脚，睁眼一看，是张老板踢了我，我正要责问他为什么打人时，向有才先生连忙过来拉开我，轻声细语地对我说："张先生也是为你好，年轻时吃苦不算苦，长大成人就能吃苦耐劳，学到本事以后就不会再受苦，老来苦才是真正的苦。有志气的青年人，应该把吃苦受累当作有益成长的营养！”

我忍着没让泪水流出来，继续去干麻绳接头的活，心里想着向有才先生的话。我想自己一定要咬紧牙关，坚持学徒三年到满师！不能半途而废，那是会被叫作“回汤豆腐干”的，那多没面子！

车　　祸

车祸，其实是人祸，直接、间接人为的祸患。

店里新来了一个姓宫的学徒，显然有点“先进山门为大”的意味，我就成了“师兄”，扫地揩灰之类的琐碎事情，都让“师弟”去做了。我除了学着站柜台，还有两项任务，一是到西街老板家里去，将做好的饭菜挑到店里来，大家吃过以后，再将剩余饭菜送回去。二是送货，客户购货后，我按照人家的要求包扎好，有的送上船去，有的送到人家指定的地方。对这样的变化，我当然是暗自高兴的。

站柜台于我是名副其实的，就要一直站着，不能坐下，不可像先生们那样空闲时可以坐坐。面朝车水马龙的雨花路站着，看那熙熙攘攘的热闹，面对变化莫测的城市风景，对我这个京郊农村来的大孩子，既感到新鲜好奇，又有些疑惑不解。这雨花路从中华门出城开始，一直通向雨花台。这因雨花石而闻名于世的雨花台，如今却笼罩着血雨腥风般的恐怖气氛，常常有尖利刺耳的警笛声由远而近又由近而远，车顶上架着机关枪的囚车呼啸而过，常会听到人们在小声议论：又是到雨花台去枪毙人了！被枪毙的是些什么人呢？这个问号当时无人给我作答，后来才听说，有不少是闹革命的共产党人。

商店打烊以后，我学骑自行车，摔倒，爬起，继续学。汗流浃背，精疲力竭，继续不停不息。学会了骑自行车，送货，跑银行，就意味着我有可能提前满师，至少也可能会增加点“月规钱”，能寄点钱给我祖母，让她老人家高兴、开心，那有多好啊！一想到祖母收到我寄去的钞票时的情景，我就会浑身是劲，兴奋异常，再苦再累也不怕，继续学，自行车仿佛也听话多了……

店里在几家银行开了户头，开出的支票必须按时兑现，记得好像是下午两点半以前必须存入现金，开出的支票才能如数划转或兑取现金，否则就要“退票”，而这“退票”是老板最不愿意看到的，那样的话，将马上在同业之间传得沸沸扬扬，满城风雨，萃福五洋店这块牌子和老板个人都将信誉扫地！老板之所以要我学会骑自行车，就是可以赶时间将现金送到银行，避免吃“退票”。

我想的则是，尽快学会骑自行车，能改变自己现在的处境，增加月规钱或提前满师，才可能帮助祖母改善家里的困境，因而再苦再累我也都能承受。

店里送货，大多是送到扫帚巷里的秦淮河码头，那里停泊着内河航运的木船。我以前去送货到船上，都是肩扛手提。现在我用自行车运载，根据货物多少，有时放在后面书包架上，有时还挂些在车头，去时往往推行，回来就朝车上一跨，一蹬，骑得飞快，还不断揿响车铃，提醒路人避让，好不威风啊！不过，骑自行车进城去银行解款子，我还有些胆怯，不敢骑自行车去。于是，夜晚就抓紧练习，练快速度，练大转弯，练紧急刹车……摔倒是常有的，跌痛也在所难免，我都不当一回事，爬起来继续练，定要练就骑自行车的真功夫！

第一次骑着自行车进城，就我一个人，过长干桥，进中华门，在通往市中心三山街、新街口的中华路上，战战兢兢又小心翼翼。虽是夏夜，马路上来往的机动车不多，我还是不敢骑到马路中间去，而是一直沿着人行道旁边慢慢地向前，聚精会神地骑，有些紧张地骑，不敢放心大胆地快速前进。后来渐渐骑车技术熟练了些，路况也熟悉了，自然也就骑得轻快了，连续好几个来回也不累……

一天午后，老板问我自行车学得怎么样了？我怯生生地回答说："有点，会了。"他把右手一挥说："店里头寸紧，门市收下来的现钞，要赶在下午两点半钟以前送进银行去，否则开出的支票银行要退票，经济受损失，信誉受影响，你要快去快回！"

一连几次去银行，我都做到了快去快回，从来都板着脸的老板，开始有了难得的笑容。那天大热，柏油马路晒得软绵绵的，有的地方还渗出了黑乎乎的柏油。此刻，已经到了下午两点，老板着急地对我说："你快点去银行跑一趟，将这麻袋钞票送进银行，必须赶在两点半钟以前送到，迟了就要吃退票的。"

夏日炎炎的午后，热浪蒸人。我骑着负载沉重的自行车，在软绵绵的柏油马路上奋力向前，当骑到中华路快要到三山街时，突然被从后面疾驶而来的汽车撞倒在地……

“关书”

关书，就是学徒伤残病亡、天灾人祸，概与本店无关。

我被汽车撞伤了，是一位路过的卖菜老人给予了救助。他总是挑一担新鲜蔬菜沿街叫卖，常常来萃福五洋店买包低廉香烟什么的，和店里的人都很熟悉，也认识我这个当学徒的。这时，他卖完了菜，正走在回家的路上，看到一辆吉普车飞快驶来，撞倒了骑自行车的人，却不管不顾，扬长而去了。卖菜老人认出了被撞倒的是萃福五洋店的学徒，就放下菜担，将自行车和车上的麻袋包寄放到路旁的一家桐油苎麻店里，背起我直奔医院而去。

我的右腿内侧被撞伤，破了一个不小的口子，流血不止。医生马上来急诊。老人气愤地说：“狗日的警察，一看是美国兵开的吉普车撞伤了人，连屁也没敢放一个，就故意转身走开了！”

卖菜老人告诉我，他亲眼目睹了当场情况，并将他记下汽车牌照号码的小纸条交给我，气愤地说这太欺人了，一定要找他们讲理去！他再三叮嘱我不要忘记汽车牌号，说着他就赶到萃福五洋店去，告诉店里的人“姓李的学徒出了车祸。”

医生边检查伤口边对我说创伤的情况，我这才知道伤得不轻，伤口缝了十几针。护士一一关照我必须按时服药等注意事项，我感到问题严重了，心里急得不知如何是好?

天色阴沉起来，病房里的电灯亮了。店里派来了一位先生，对我说，已经通知你家里了，你在医院等着来接回家去养伤！医院的费用，店里会来结算的。说完，转身就走了。

我听了这话，心想这下祸闯大了，极力忍着，不让眼泪流出来，往肚里咽！

母亲来了，她喊了声“红喜，我的乖乖儿！”就连忙来看我的伤口，她哽咽着说：“儿是娘身上掉下的肉，我心疼啊！”就再也忍不住地哭起来……

办了出院手续，母亲背着我走出医院，艰难地上了开往湖熟镇的公共汽车，好心的乘客给我这个伤员让了座。

汽车停在了湖熟镇车站，母亲又背着我，来到镇上的大舅舅家。大舅母安排我在一间小屋里的床上睡下。母亲说是歇歇脚，明天就带我回家的。大舅母连忙说，“这怎么行？伤口缝的线还没有拆，乡下又没有医院，就让他在我这里住下，养好了伤再说！”

我对心地善良的大舅母一直心存感激！

这天晚上，我再也忍不住地问母亲：“老板怎么讲的？就这样不让我回店了？”母亲长叹一声说：“店里的人讲，‘关书’上面写了，学徒期间，凡遇天灾人祸、生病伤亡，一概与本店无关，全由学徒本人承担一切责任。我们还能有什么办法？”

关书，原来就是这样“一概与本店无关”的意思？我是为店里工作时受的伤，是老板叫我赶时间快快去银行的，怎么全与本店无关？这太不讲理了！老板的心太狠了！我气愤，可有什么办法？哪里有讲理的地方？

我切身感受到了世态炎凉、人间冷暖……

龙　　都

少年时吃点苦犯点愁，是长大成人的营养。

在母亲照护下，我在大舅家卧床休养了半个多月，眼前面临的问题是：今后到哪里去？怎么办？回前三岗村，在自己家住下再说？尽管我想念祖母，恨不得扑到她怀里放声大哭一场，可是，想到自己学徒没满师就回家，会被人家称为“回汤豆腐干”，让不知底细的人看不起。我爱面子，怕难为情。我心里想的是不愿回前三岗村！

知儿莫若母，她顺了我的心意，让我到龙都镇外公家暂且住下，以后再想办法。

湖熟和龙都，都是秦淮河流域沿岸的滨水集镇，交通还算方便，有航船来往于南京城，客货运输，当天到达，因而集镇虽小倒也较为繁华。我跟母亲从湖熟去龙都，沿堤岸走，相距不到十华里。因尚未痊愈的伤口还常作痛，只好艰难地走走停停，足足走了一整天，到达时已精疲力竭。

人生的路，每每都值得回味。

母亲陪我来到龙都镇外祖父家，暂时住下。外祖父母和舅舅姨妈见到我，都关切地问长问短，叮嘱我安心养好身体，“来日方长，前途无量”这句话，我记不清是哪位长辈说的，但却印象很深，没有忘记。

我一心只想重新去当学徒，再苦再累也不怕。可是，出路在哪里呢？闷得发慌，就在龙都街上闲逛，漫不经心地从东到西走去，我对那条蜿蜒曲折的小街毫无兴趣，只是大庙门口的牌楼匾额和雄踞门口的两个石狮子我凝视良久。

走着走着，忽然听到隐隐传来丝弦之声，驻步寻声望去，见是一茶馆里在说书，想进去听听，却因囊中羞涩，没钱买票，只好扫兴而归。

此后不久的一天晚上，外婆叫我陪送外公去房里睡觉，在帮外公脱衣服时，不经意间碰到他的外衣口袋里有些零钱，不禁愣了一下，想到听书，差点想伸手拿一点零钱，但一个“偷”字顿时使我心慌意乱，马上打消了这个念头。

听书对我的诱惑力很强，驱使我想到了一个自圆其说的理由：外公曾经要给我零花钱，我说没用因而没要，现在想要听书，向他要点钱肯定会给，我自己“拿”点零钱，就当向他“借”的，以后肯定加倍还他就是了，免得麻烦！这么一想，我就这样向外公暂时借用了一点零钱。

第二天下午，我去茶馆买了一张票，进书场听说书，说的是《水浒传》中武松打虎，我听得渐渐地全神贯注。

书场里都是上了年纪的人，像我这小伙子绝无仅有，我左右顾盼，有些心不在焉了。说书人说的具体内容也记不清了，只记得此人嗓音有些沙哑，但却吐字清晰，且表情丰富，听众常忘乎所以地拍手叫好。当我一转脸，突然看到一张熟悉的脸，原来在场听书的三舅父，正朝我投来惊诧的目光，吓得我不知如何是好……

听说三舅父是失业在家，也有人说他是迷恋新婚妻子，不愿外出工作，闲在家里享清福，反正家底殷实，不愁吃不愁穿，何必去吃辛受苦……

我在三舅父转过脸去时，赶快悄悄离开了书场。

在茶楼书场听书时和三舅父邂逅，使我不免惊吓，怕他怪我小小年纪怎么去听书？追问哪里来的钱？想不到回家遇到他时他却毫无责备之意，而是微笑着问我："好听吗？"我茫然不解地摇了摇头，却心不在焉地说："好、好听。"他就说："那，以后我们一起去听。"

从此以后，我跟三舅父一起去听过几回书，都是他买的票。

听书，跟林冲去夜奔、随李逵去探母，暂时忘却了自己的烦闷，但不能解脱我的困境和不安，特别是对自己前途的困惑：今后怎么办？这问题像一把无形的刀子，时时刺着我的心，常常夜深人静时，独自流泪，饮泣吞声！

套　鞋

路在脚下，双脚走不出鞋子却走向成长。

我在外祖父家过了一段苦闷的日子。外祖父宫发祥在龙都镇上堪称首富，开粮食行、木材行，是个大家庭。我的大舅父已成家，住在湖熟镇。我的大姨妈、二姨妈都已出嫁，家里还有我的二舅三舅四舅五舅和五姨六姨，最小的年龄比我还小，但都是我的长辈，待我都有些长辈式的客气和严肃。

尚待字闺中的五姨，也许是受她三姐（我母亲）的委托，或许是因同情心的驱使，对我尤为关心，待我热情亲切，常常让我到她的闺房去坐坐，和我天南海北地聊聊。她看书的兴趣比做女红要大得多，桌上、枕边都放着书。记得她曾经对我多次讲过大意如下的话：小时候吃点苦不算苦，人生就像航行的船，哪能都是一帆风顺？从小就要实习克服困难的能力，这对学会做人有好处。这些话我印象很深，一直记得，时常想起。

1948 年春节期间，有个姓吴的男人来看五姨，我知趣地走开。

他来了一回又一回，有一回我偶然与他相遇，一看就知道是来和五姨谈对象的。我和他年龄虽然相差不大，但我自知是小辈，就很自觉地避开了。过不多久，他主动和我打招呼，还问了我的年龄等，使我不免有些诧异。

原来这位吴先生老家在湖熟镇，工作在南京市水西门外的一家五洋店。又是五洋店！他是个职员。显然是受人之托，他很热情地说要帮我介绍工作，在我母亲和五姨面前，口口声声说这是小事一桩，包在他身上，毫无问题。

果然一切顺利，没过多久，吴先生就来到龙都镇，当着五姨的面爽快地说："陈先生是我要好朋友，满口答应让你姨侄去他家开的店工作。"意在博得我五姨的好感是很明显的，也是可以理解的。他陪我去南京，一直陪我走进昇州路 412 号陈记同茂五洋店，让我继续当学徒。

"关书？写不写都一样，通行的规矩，谁还会违反？何况是吴先生你介绍来的？"陈老板笑嘻嘻地对吴先生说，"不必写了吧？你看呢？"

吴先生笑着直点头，连声说："君子协定、君子协定！"两人紧紧握手，哈哈一笑。于是我就没再写第二张"关书"。

同茂五洋店，昇州路上的一开间门面的小店，店里的人全都姓陈，是一家家族性企业，两代同祖同宗的弟兄，经营着这个小小的零售商店。店里本来没有外姓旁人，来了我一个姓李的学徒，于是就都叫我“李相公”。

吴先生走后不一会，老板说声打烊吧，我就去上排门板，很熟练的样子，老板们都投来惊奇中有些惊喜的目光。他们哪里知道，我是已经在萃福五洋店学徒过一年多了的人！吴义福先生没说这些，我就更不愿提它了。

陈老先生睡在楼上。我在店堂里打地铺，独自睡下，关了电灯，陷入一片漆黑之中，这才鼻子一酸，眼泪夺眶而出。我想到了年迈的祖母，想起母亲为自己操心劳神，想到自己在萃福五洋店时，吃的那么多苦都不算，又要重新开始学徒三年？我困惑不解，怎么会是这样的规矩？我怎么会这么不幸？往后的日子……

连续阴雨，我的套鞋破了，漏水，双脚成天湿漉漉的，又冷又滑。少得可怜的“月规钱”，只够一个月剃一次头、买一块肥皂，想积攒点钱买双套鞋多难啊。物价飞涨，听说蒋经国出面搞限价，不但在南京声势浩大地限价，还去上海微服私访吃阳春面，对面店老板涨价从重处罚，可是却越限越涨得厉害，更买不到东西。我好不容易攒了点钱，胶鞋店却无货供应。忽然间看到有家胶鞋店门前排起长队，我急忙赶去，挤了半天，总算买到了一双元宝套鞋。回来一穿，发现两只都是右脚的，我哭笑不得，却又舍不得扔掉，下雨天只好穿着这双不合脚的套鞋走路，一只脚总是被蹩得难受，但还是只好穿着，别无选择，毫无办法，所以印象特别深刻……

我在同茂五洋店继续当学徒，最难忘的当然不止这一件事，还有那穿制服的“公务人员”，到店门口柜台前一站，老板马上就笑脸相迎，捧着好烟什么的送过去，当然都是“无偿慰劳”，不敢稍有怠慢，否则他就会找茬子、要处罚什么的，应付走后，老板会摇头叹息，说这些是惹不起的油耗子，不让他揩油不肯离去，会找麻烦。还有那马路边到处可见的“银元贩子”，手里握着几个“袁大头”之类，哗啦作响，向路人兜揽生意……

月　　妹

幻想中虚拟的爱情，是最理想最美妙的。

我在同茂五洋店当学徒，正是“三年解放战争”的后期，作为国民政府首都的南京，有一种特殊景象，马路上车水马龙，商店里商品供不应求，物价涨得势不可挡。我这当学徒的，还是从鸡叫忙到鬼叫。每天要到老板家里去挑一担饭菜回店里，大家一起吃午饭，剩下的是我的晚餐和第二天的早餐。盛饭菜的江中镬子、搪瓷盒子，外面都有保温的棉套。小扁担搁在肩上，重时一升一沉，轻时一飘一晃。按不成文的店规，学徒是不允许随便走出店门的，衣服不准有口袋。挑着担子来来回回，累虽累，倒也可以看看街景散散心。

陈老板家住在水西门附近的一个小山坡上，独门独户，三代同堂，人丁兴旺，长幼有序，是没有分过家的一个大宅院，看来倒也相安无事。

有天上午，下着小雨，我挑着空担子去陈家拿饭，走出店门过了马路，刚要过一座小桥时，忽然听到身后有熟悉的声音在喊：红喜！红喜！我回头一看，情不自禁地喊出声来：妈！妈！想不到母亲却示意我不要声张，拉住我的手来到桥堍僻静处，久久地凝望着我说："妈只是来看看你，看到你好好的，妈就放心了！"

母亲告诉我，她几次来南京，在昇州路上走过来、走过去，像过路人一样，不时侧过脸来朝同茂五洋店里望，为的是想看看儿子，却又怕被儿子看见，会惊喜得喊出声来被老板知道！这次母亲等在这里，要同儿子讲句话，就是千万别再骑自行车，再苦也要咬紧牙关学徒到满师！我连连点头，问家里情况，母亲只说都好，不用我挂念。我爷爷、奶奶、爸爸、弟弟一个个问遍，她都说好，最后还是长长地叹了口气说，难啊！最难的是你父亲的病，但马上又说：家里的事你不必挂念！她说完就匆匆走去，回头，挥手，很快看不见了。

我不能不挂念啊！特别是我那患病的父亲，祖母肯定要更加受苦受累了！

此后，我就积攒了一点钱，从邮局寄回了家。寄钱人写的是"李耀华"，与其说这是自己喜欢的名字，不如说是想为自己取一个有点意思的名字。这天夜里，我想象家里收到这笔小小汇款的情景，想着今后我有了工资就能多寄点回家，兴奋得怎么也睡不着，就干脆看书。

这是我从地摊上买的一本《骆驼祥子》，夜里躺在被窝里看，看得入迷，不料还是被睡在楼上的陈老先生发现了，他倒还算宽厚，只对我说，夜里看书浪费电，少睡觉明天没精神做事，要我别看。我还是偷偷地看，用旧报纸将电灯泡遮起来，一听到楼梯响，就赶快歇灯，蒙头睡觉。书中祥子、虎妞这两个人物给我留下了深刻印象。

我又梦见祥子、虎妞了！活灵活现的，可惜很快我就醒了过来。

睡不着就瞎想，想到要是我能读书，读了书也能写书，那该有多好啊……美梦醒后是并不美好的现实，我陷入了虚幻的想象。

有一天近中午时我到陈家，这时饭菜还没有做好，我就在里面随便走走。说来真巧，当我刚走到一个房间的窗口时，看到房里地上有一本书，也是《骆驼祥子》！显然是床上那位姑娘睡着了，掉在地上的，看到她撩起的花裙子露出两条雪白的腿……我心跳加快，想看又有些害怕，连忙把目光移开。

这几天到陈家，我总想着那花裙子，却不敢朝那个窗口走去，有一天我远远地望一眼，想不到她却像蝴蝶似地飞了过来了："是你帮我拾起《骆驼祥子》、放下窗帘的吧？我还没有谢谢你呢。"她微笑着向我走来，大方地伸出了手。我一时不知所措，呆呆地望着亭亭玉立的她，半天才喃喃地说："没有、不是……"她哈哈大笑，还用手指点了点我的前额说：“你啊，有点像祥子哥！”

“你才有点像虎妞呢！”我脱口而出说。“你也看过《骆驼祥子》这本书？”她问。我尴尬地不知应该点头还是摇头，就逃也似地跑开了。她追了上来说：“呶，奖！”就将一粒糖果拍到了我的手心里，马上像只花蝴蝶似地飞走了。

这粒糖果我舍不得吃，藏了好久，后来软了，快要化了，我才吃，放进嘴里，好甜！甜到了心里！

我们没再见过面，也没有任何联系。可我常常想到她，总忘不了她的音容笑貌。我只知道她叫月妹，记得当时她曾问我姓名，我不说，反问她，她调皮地一笑说，“我嘛，月亮的妹妹，月妹。你呢？太阳的弟弟？还不快点老实告诉我！”我难为情地支吾其词：“这太……”后面难为情三个字还没说出口，她却哈哈大笑起来：“太阳的弟弟，阳弟，不是很好吗？”……

正在这时，听到有人叫我，就连忙去厨房了。此后我没再见过她，只依稀记得她是在校读书的大学生，暑假来走亲戚的，不知哪门子亲戚，当然这都不关我的事。

当我就要离开南京时，她的音容笑貌却浮现在我的脑海里：最想再见一面的就是她，只是不知她现在何处，又不便询问，终究没能如愿，深为遗憾！

没想到她会一直活在我的心里，随着岁月流逝，我越来越思念她，有时会在梦中和这位月亮的妹妹相会……

问　　路

走到岔路口不要怕问路，只怕走错路。

南京解放了，陈氏一家所经营的同茂五洋店，面临着新的形势，老板不想再用我这唯一的外姓旁人了，就客气地叫我回家，实际上是辞退了，就这么简单，不需要任何理由。这样，我又面临着一次无理由的失业！

母亲又一次为我操心劳神，她向在上海的四妹求助，得到同意后，让我独自去上海寻找出路。记得母亲在送我去湖熟镇的路上，含着眼泪对我说："你才小小年纪已经吃了不少苦头，希望这回能跳出龙门交好运，时来运转。"

记得那是1950年春节刚过后的一天上午，我身穿旧夹袍，拎了个旧箱子，在湖熟镇和送行的母亲依依惜别后，独自来到南京下关，等候乘夜间的火车去上海，因为夜车票价便宜些。

这是我第一次乘火车出远门。独自坐在火车上，到上海去闯荡，前途难以预料。

坐在夜行的火车上，窗外是一片漆黑，车厢里的旅客大都在闭目养神，有的还发出了鼾声，可我一点也不瞌睡，除了不时望一眼行李架上那只旧皮箱，一直都在想自己的事情。想从小跟祖母在一起生活的情景，想在萃福五洋店当学徒的情景，骑自行车赶时间去银行的情形都历历在目，我只怪自己怎么这样倒霉，偏偏被汽车撞伤！后来又想在同茂五洋店再当学徒的这些日子，我可是天天都小心谨慎地干活，想熬到满师能挣钱养活自己，能给家里寄点钱就好了，想不到会是这样一次次不顺利，这次去上海会怎样呢……

夜深了，我感到非常烦闷，此时，我多么想找个人说说心里话呵，于是很自然地又想到了月妹，她在哪里呢？她还记得我吗？她也会想念我吗？回答我的只有单调、沉闷的车轮在铁轨上滚动的声响，千篇一律。

天刚蒙蒙亮时，火车到达上海北站。

我拎着个旧箱子，随着潮水般的人流，孑然一身走出上海北站，我四顾茫然，上海给我的第一印象，是房子并不很高、马路也不算太宽、只是车多人更多，讲话的口音南腔北调听不懂。这是和南京相比较而言。

路在嘴边。我又一次想起祖母对我讲的这句话。边走边问，总算走到了要去的新闸路，可是这里却是个纵横交错的路口，我茫然不知所措了。后来才知道，这里除了是西藏路、北京路的十字路口外，还有新闸路、牛庄路两个路口，也就是六个路口，朝哪边走才对？当时我才不过16周岁，初来乍到，一时没了方向，只好站在路口，踌躇不前。

其实，在我的人生道路上，这样的境遇岂止这一回？一次又一次来到了十字路口，一次又一次需要选择正确的方向！我怎么会有这么多的“路口”，需要费神用心地去选择呢？

在车水马龙的路口，面对密如蚁群的来往车辆，我趁一个空档，疾步奔到马路当中的交通岗亭下，向正在用手扳动红绿灯开关的交通警察，行了一个举手礼，向他请问去新闸路该怎么走？

交警全神贯注于观察各路口车流情况，果断地扳动手握的开关，好不容易才抽空回答了我的问题，举手为我指明了方向。这是我来到上海接触的第一个人，记得他一手握着红绿灯扳动开关，一手从嘴里取出哨子朝前一指说：“这条就是新闸路，你要看清来往车辆！”说完又去忙着指挥交通了。他这一指，给我印象深刻，至今难忘，永远感谢他礼貌而又正确的指点！人生道路上多么需要这样的指路人啊，我在心里说：谢谢你！

好不容易才找到新闸路300号，看到的不是住户，却是一家铜锡五金店，货柜上大都是粗细不一的铜丝，我不免有些疑惑，生怕弄错了地址，但还是鼓足勇气上前问一位店员：“我找我四姨父许……”想不到回答我的却是家乡口音：“你是南京来的吧？许先生家就住在这楼上。”原来这店正是四姨父家开的，是连家店。

走到楼上，进了客厅，只觉得眼前一亮，家具摆设都是我从未见过的，客厅宽敞而整洁，正有一位大妈在收拾。她叫我等等，转身很快去请来了我的姨妈。想不到姨妈对我的到来却显得有些突然，甚至还有几分慌张，第一句话就问：你怎么就来了？不等我回答，马上将我领到一间小屋里，压低声音对我说：你先在这屋里待着，不要随便走出去，等你姨爹有空时，我带你去见他，见了他，你可要懂事啊，要让你姨爹为你找工作的呀！我当然只有连连点头，见到了四姨妈，不管怎样，悬着的心总算暂时放下了。

想不到四姨妈突然又回身走进小屋，压低声音对我说，我家老奶奶来了，你不要让她看见，免得话多。说完姨妈就走了。我一头雾水，不知所措……

后来我才渐渐地知道，姨妈口中的“老奶奶”，就是姨妈的婆婆，姨父的老娘，许家的实权派、当家人，连姨父也不得不听她老人家的。许家上上下下都知道这位老太太的精明、厉害。就说买菜吧，她几乎每天早晨总是带着杆秤去小菜场，买了菜就用自己的秤校对一下，少一两也要卖菜的人给补足，而后放进随身跟着的女佣拎的篮子里……

我到上海来投的就是这门亲戚，怎能不为自己的前途担忧？只想尽快去工作。

不久后的一天上午，姨妈领我去见姨父，这样的初次见面，我难免有些拘束。他朝我打量了一眼，只对我说了这样一句大意如下的话：“到上海滩来找碗饭吃不容易，起码不能怕苦怕累，上海就是海，风浪大，不是好闯荡的，做怎样的人全看你自己了！”

这次短暂见面的情景，我一直记得很清楚。

闯　海

上海是海，来这里闯荡的人要识海性。

见过四姨父后的第二天，我就到许家开的民丰铜丝厂去上班，在拉丝车间做工。我不知道这是不是就算开始闯海了。

这民丰铜丝厂在上海西宝兴路上，门面是一家晋泰酱园，也是许家开的。在酱园的后面，有一大片放置酱缸的空地，用来晒酱的。再往里走，就能听到铜丝厂机器的轰鸣声了。这民丰铜丝厂是四姨妈家独资开办的，听说还在浙江北路近老垃圾桥开了一家许顺泰铜锡店，厂店联动，铜丝厂生产的各种规格的铜丝，大都在这店里销售。产销一体化，是上海民族资本的一种经营模式。

我到民丰铜丝厂做工，没说当学徒，但和学徒没什么两样，一切从头学起。当然和以前也有不同，那就是要三班倒，没日没夜地在车间里劳动，比南京时在商店当学徒更苦更累，特别是生物钟被打乱了，该睡觉时却要在机器轰鸣的环境中干活，而且机器常会“咬人”，工伤事故频繁。但我要求自己一定坚持下去，因为没有退路，也没有别的出路啊。

我渐渐地知道了铜丝的生产流程：首先将铜料按配比放在坩埚里，高温熔化以后，浇铸成铜棍，冷却后上机器轧成粗粗的铜棒，重新回炉加热，冷却后再到轧机上轧制，再加热，再轧制……其中还要用接头机接长，铜棒一次次加热再轧，渐渐地由粗到细，说不清要经过多少次回炉后再上轧机，直到制成不同规格的铜丝产品，包装后送电线厂做电线，或送商店门售。

产业工人，尤其是像这样规模小、设备条件差的工业生产单位，工人的劳动强度大，生产条件和环境差，我开头简直受不了，但为了生存，不得不咬紧牙关坚持下来。后来回想，觉得这很值得，因为自己得到了锻炼，增长了知识。渐渐地我适应了这样的苦和累。

我最怕的上通宵班，老是要打瞌睡。工人师傅总是提醒我，机器像老虎口，会咬人的，喏，你看，这位师傅的右手被咬掉了两个手指，那位师傅右手臂轧断了一大截，惨啊，你可要当心啊！师傅还让我在太阳穴抹些万金油以提神醒脑，教我要打瞌睡时用冷水洗洗脸。好不容易熬过一个夜班，下了班赶紧草草洗洗手，就去睡觉，可却怎么也睡不着了，烦躁不安。怪这集体宿舍是搭在车间旁边的阁楼，太吵，机器的轰鸣声很响，还有老师傅打呼噜的声音也很刺耳，用被子蒙住头也无济于事。奇怪的是，老师傅们都睡得直打呼噜，是太累了……

我跟刘师傅在一台拉丝机上工作，劳动强度大又容易出事故，总是刘师傅多辛苦。他真的待我就像对自己的孩子一样，后来才知道他确实有个比我还小的儿子在乡下种田，每当拿了工钿他就马上去邮局寄钱回家。他不但耐心地教我怎样操作，还常提醒我要注意安全。下了班洗个澡，和师傅一起睡在阁楼上，一觉醒来常常发现他为我盖了被子……想不到后来他在上夜班时出了工伤事故，手指被轧断了两根，鲜血直滴，痛得他额头直冒汗，我看了直流泪。

师傅就在集体宿舍里养伤。他家在乡下，怕回家养伤会失去工作，可是在上海没有人照应，连衣服都要自己用一只手“洗”……我见了连忙去为他洗，他疼爱地用没受伤的左手抚摸着我的头动情地说：你要是我的儿子就好了。其实，我在心里也说：你要是我的父亲就好了！我们创造财富的工人生活却这样艰难！我怎么也想不明白。

下班后，我就去集体宿舍看望师傅，总能见到他在和工友们一起聊天，当然都是男性，又都是单身汉，男人在一起口无禁忌，什么诨口粗话都不禁忌，聚在一起闲聊，天南海北，男女情事，无拘无束。记得有一次说到上海有个大世界，大世界里有哈哈镜，照出的人奇形怪状，大家忍不住哈哈大笑，都说想去玩玩。有个能讲几句苏北口音的上海话的老师傅说，上海好“白相”的地方多来西，老城隍庙闹猛得很，买包五香豆吃吃花不了几个铜钿。话题还是离不开本厂工人的劳动辛苦、安全没有保障，说起来都显得很激动。有的说，工人哪有出头的日子？“工”字一出头，不就入土了嘛，好死，不如孬活，工人命该一辈子受苦受累。另一位年轻些的师傅接口说：我看，工字出不了头，当中一竖往下，就是干活的干字，对不对？另一位接着说，工人两个字连接起来，是顶天立地的天字，是社会的栋梁，所以现在解放了，工人要当家作主了嘛！

此后不久，我被通知马上离开民丰铜丝厂，没说什么原因。我去看望刘师傅，向他告别。他朝我久久地望着，目光中有着我读不懂的意思。他长叹一声说，上海这地方不好混，不好闯。你要学会自己照应自己，用心学点在上海过日子的真本事。这话我一直记得很清楚。

这段不长的产业工人生活经历，工人师傅们的音容笑貌，令我难忘，至今还鲜活地映现在我的脑际。

夜　校

社会大课堂和夜校小课堂，使我大开眼界。

也许是在民丰铜丝厂那次夜班出了工伤事故，刘师傅受了伤，而我是跟刘师傅一起当班操作轧机的副手，这事情被姨母知道了，她出于对我的人身安全考虑，让我调换工作。总之在这次工伤事故发生后不久，四姨父就突然叫我离开民丰厂。公开的理由是：四姨父认为，让自己的亲戚在他开的工厂里工作，会受到管理人员另眼看待，不但学不到技术，还会给他添麻烦，于是提出让我到一家名为“泰昌永五金工场”的单位去上班。

后来才知道，这是一次对等的“交换”：泰昌永五金工场的胡老板，有一位近亲的孩子，将转到民丰铜丝厂工作，同时让我转到泰昌永做工。这是两位老板在谈“交易”时，偶然谈成了这样的一个“相互交换”。

我没什么好说的，其实根本不用我说什么，只有服从的份。于是我就来到上海老城厢小北门附近，走进了会稽路一条叫银河里的弄堂，八号也是一幢同样的石库门房子。记得那黑漆大门上有块“泰昌永铜锡五金工场”的小牌子，进门是个小天井，陌生而新鲜。

更新奇的是，这也是一个连家店，开设在一幢石库门房屋里，胡老板一家就住在楼上，楼上还有一户姓任的房客哩。亭子间下面的灶披间，是有两个炉灶的工场，主要用来“煏锡”，就是将香炉蜡烛台之类熔化后，将锡与铅分离、提纯。尤其难以想象的是：这里从老板、会计、跑街先生到所有工人师傅，总共才十来个人，在我到来之前都是清一色的绍兴人，而且和老板也都沾亲带故，当然讲话也都是浓浓的绍兴口音，相互称呼叫“二爹”、“娘舅”、“大姑父”等也就顺理成章了。于是，我就成了这里唯一的外乡人，自然而然地被叫成“小南京”，并以此替代了我的姓和名，习惯成自然，想想真有趣！

在楼梯下面，有一个狭小的空间，是我睡觉的地方，有人上下楼就走在我头上，脚步声声声入耳，从轻重快慢，我大致能猜出是谁上楼或下楼了。猜着猜着，也就睡着了，因为太累太困倦。有时做通宵班，在这楼梯底下实在没法睡，我就乘了电车到中山公园，在僻静的小亭子里睡一觉。后来，老板让我睡在新搭的木架子铺上，相对安静了些，睡得好些。这木架子铺上，成了我私秘的地方，家信和钞票等就藏在枕头底下，其实无密可言。

我听说，凡加入工会的，就可以进职工业余学校读书，这对我太有吸引力了！读书，实在是我最想要的。于是，我成了泰昌永第一个加入工会的人，倒不是我主动去寻找工会并积极要求的，而是工会组织来了解情况，也许以为我这个“小南京”与老板不沾亲带故，就先来动员我加入工会。我问：加入工会后就可以进职工业余学校读书吗？对方肯定地说“一句话！没问题！”我就毫不思索地表示：好的，我要加入工会，因为我要读书！

报名进了职工业余学校读书。当我背着书包（买的一个布袋袋）去上学时，那姿态，那神情，还真像个小学生呢，是呀，那是1951年，我才不过17岁，尽管我已辗转沪宁两地四家企业学过徒、做过工。其实还是在学校上学的年龄，我多么渴望读书呵！

记得第一个晚上去上学，从人民路经云南南路到“四明公所”的路上，距离虽然不远，但我还是有些胆怯，昏暗的路灯下，看到有涂脂抹粉的女人站在路边朝行人微笑、招手，我吓得加快了步伐。后来听夜校上年纪的同学说，那是所谓“野鸡”，卖淫者，旧社会遗留下来的丑恶现象，不久后，很快就得到了全面治理。

解放初期，通过工会举办职工业余学校，团结教育职工群众，学习文化的同时也上政治课，老师多次讲到：要将夜校小课堂和社会大课堂结合起来学习，才能真正学好。记得老师讲的课有：“到底是谁养活了谁？”、“劳动创造世界”、“工人阶级是领导阶级，工人要学会当家作主”、“工会是工人阶级自己的组织”等，我听得津津有味，入耳入脑，还按老师的布置，以民丰铜丝厂刘师傅为例写作文谈自己的心得体会。

进业余学校学文化后，我更爱看书了，只要有点空闲，就到工会图书室去借书来看，记得先后看了高尔基的《童年》（读了好几遍，可谓囫囵吞枣），后来读小说《钢铁是怎样炼成的》（还是懵懵懂懂），直到有回听夜校举办的读书讲座，正巧讲到这两本书，就再读了一遍，才有些感觉，记得还写了一篇读书体会。“人的一生应当这样度过：当回忆往事的时候，他不至于因为虚度年华而悔恨，也不至于因为过去的碌碌无为而羞愧；在临死的时候，他能够说：‘我的整个生命和全部精力，都已经献给世界上最壮丽的事业——为人类的解放而斗争。’”这番话我是背熟了的，虽然理解还不深，但我暗暗要求自己：努力争取做一个这样的人。后来，有位叫周某某的工会干部来同我聊天，谈家常，启发我要求进步，让我参加工会活动，不久，我担任了基层工会“组联会”的干部，下了班就去忙工会工作，生活过得忙碌而有意义。

此后，我劳动之余的生活更丰富多样。有时做通宵班

“煏锡”，有时晚上去工会开会，参加大扫除搞卫生等。工会活动我都坚持积极参加，好像有使不完的劲。开会，接触的人多了，自己受到各方面影响，潜移默化地在改变。就拿讲上海话，我并没刻意地学，很快就能听也能讲了。听报告，使我开阔了眼界，增长了见识，我还买了个小本子学着记笔记，这对我而言，确实帮助不小……

榜　　样

启发教育并介绍我参加青年团的，是我政治上的启蒙老师。

随着以反贪污、反浪费、反对官僚主义为内容的“三反”运动而来的，是以反偷漏税、反投机倒把等为内容的“五反”运动。我被抽调到“五反检查队”工作，在队长带领下进驻一家西药房。队员都是来自工厂商店的青年职工，十几个人挤在楼上一间小屋子里，白天开会忙工作，夜里就在这里睡觉，男同志打地铺，女同志睡架子床，常常和衣而卧。

有次我找药房老板谈话，可能由于自己经常熬夜瞌睡来了，或许我坐的是沙发，太软，容易瞌睡；也许由于老板讲话夹带英语（西药名都用英文），我听不懂，起了催眠作用，就不知不觉地打起了瞌睡，还将头搁到了大腹便便的老板身上！好像仅仅一眨眼工夫，我就猛然惊醒了过来，心想这下犯纪律了，急得不知所措。老板却笑嘻嘻地讲了一句我不知什么意思的英语，结束了这次令人尴尬的谈话。

我马上意识到自己是犯了严重错误，就主动去向队长如实报告，并作了自我检讨。队长是山东财政厅的一位领导干部，听后气得正要狠狠批评我时，忽然摇摇头长叹了一声说：小家伙，看你能主动汇报并作检讨，我就原谅你了，吸取教训吧！说着，他在自己口袋里摸了又摸，对我说："呶，给你，以后两条措施：想打瞌睡了就抽支香烟，再往太阳穴抹点万金油！"然后将自己的一包香烟和一合万金油塞给了我。

我只好服从地收下，照办。

随后推而广之，这两条措施在全队实行。我想，哪能总让队长花钱发香烟、万金油给我呢？于是，我就自己去买了香烟来抽，免不了会敬队友们一支烟，这么一来二往，慢慢地就学会了抽烟，队长也就不再给我了。我自己买香烟只能是便宜的勇士牌，渐渐地就抽上了瘾，成为不良嗜好。

西药房的"五反"检查尚未结束，另一支"五反"检查队开进了我所在单位泰昌永五金工场，队长李某某，一位性格豪爽的工人同志，是力生机器厂的地下党员，他找我个别谈话，开门见山地说：泰昌永的职工，同姓胡的老板不仅都是同乡，而且大都沾亲带故，只有你这一个"小南京"例外，你一定要发挥积极作用！其实我并不懂得什么，只不过做了些联络工作。

“五反”运动中，泰昌永五金工场被评为“基本守法户”，宣告运动结束后，要求我们职工团结资方搞好生产经营。我作为“劳资协商会议”的劳方代表之一，和资方一起开劳资协商会议，胡老板对我们的态度完全变了，变得不但很客气，也比较大方，职工们在工资福利方面的要求，他几乎都能爽快答应。听工人们说：“五反”运动，才使工人真正翻身得解放，开始有当家作主人的感觉了。我常想到民丰铜丝厂的刘师傅，他受的伤该好了吧，生活也改善了吧？

由队长李同志介绍，1952 年 4 月 17 日，我成为中国新民主主义青年团团员。介绍人同我谈话，希望我是一颗革命的红色种子，发挥应有的积极作用。这话我一直记着，以鞭策自己努力学习积极工作。当时我对革命、种子、红色这些字眼的含义，认识还是浮浅的，甚至是模糊的，但我要做一个像李同志这样的人，要为人民服务，则是明确而强烈的。

此后，我每天认真负责地做工，积极参加工会活动，自觉进夜校读书学文化。虽然在政治上还很幼稚，但心里总在叮嘱自己：既然加入了青年团，就要像个团员样子。团员到底什么样子？自己也说不清，反正要起个模范带头作用，向李同志学习，决不辜负他对自己的期望，连待人接物、走路姿势也不知不觉地在模仿着他的样子……

树立革命理想，自觉积极地投身“五反”运动。

选　　择

一生中有多次选择，关键的一次决定着人生走向。

“五反”运动一结束，就开展民主改革运动，简称“民改”，就是组织工作队，派往各工厂企业，分期分批地进行民主改革运动。我被调到“民改工作队”，从担任联络员到小队副，从工厂、商店，到摊贩、踏三轮车拉黄包车的，都先后经过民改运动，都是按回忆对比、诉苦挖根等阶段的教育，后期是组织建设，发展团员党员，当然也清查出一些潜藏在职工队伍中的阶级异己分子，基本查清一些人的历史问题。

起初我仍旧在原工作单位泰昌永五金工场领取工资，奖金也照样发给我，而且越发越多。据说这是当年一些私营企业的老板采用的手法：给职工多加工资多发奖金，以缓和劳资双方的矛盾。当然，也不排除有个别资本家，用这类手法造成企业亏损，既以物质利益讨好职工，又以人为的困难给人民政府出难题……

我面临的选择是：仍旧回私营企业工作，可以多拿工资奖金；继续在“民改”工作队工作，并将进机关当干部。虽然机关干部已经开始改供给制为薪给制了，但像我这样刚进机关的年轻人，工资是很低的。我毫不迟疑地选择了后者，其实就是选择了走为人民服务的人生道路！

这是因为，在“五反检查队”和“民改工作队”，我都是和党员们同吃同住，有说有笑，使我这个单纯幼稚的年轻人，近距离地接触了社会的方方面面，从历史和现实的比较中，认识到解放、翻身的来之不易，对当家作主、建设新民主主义新中国的一些基本道理也知道了一点。可以肯定地说，我学习新知识是如饥似渴的，接受新事物是敏感的，工作是积极热情的，因而受到领导的肯定和同志们的赞扬，成为党组织关心培养的对象，经常有做组织工作的同志找我个别谈心，给我启发和指导帮助。我从大量活生生的事实中，切身体会到新旧社会两重天，对中国共产党有了初步认识，立志为人民服务是我坚定不移的选择。应该说，当时我对共产党和共产主义并没有多少理性认识，主要是身边的共产党员榜样力量，使我觉得做人就应该做像他们那样的人！ 1953 年 11 月，由“民改工作队”中队长周岳同志和组织委员吴静娟同志介绍，经支部大会讨论通过和上级批准，我加入了中国共产党，候补期半年。我至今记得是在建国路、重庆路的沪南工人俱乐部大礼堂举行的入党宣誓仪式，面对党旗举手宣誓的情景和心情，一直清晰地印在我的记忆深处，从没淡忘。

从此，我没忘记过要以共产党员标准要求自己，检查对照自己。

当然，在“五反”运动中，对个别我们已经掌握材料确实是有历史问题的人，在内查外调后都作了处理。记得有个以踏三轮车为生的苏北人，是个彪形大汉，根据检举揭发和内查外调的材料，证实是个从苏北逃来的罪行累累的恶霸地主。我和另一个队员，作了充分准备，设想了多种可能以及应对的措施，才走进了他的住所，很自然地约他出来谈话，走在淮海路上，到嵩山路靠近公安分局时，我们突然反剪了他的双手，将他押了进去。这也因为当天集中行动，手铐不够用，不得已才采用了这个办法。

“民主改革”运动结束后，我被分配到青年团嵩山区委工作，地点是在黄陂南路329号一幢花园洋房里，据说这是没收的敌产。我们大都还是单身小青年，就住在机关内的集体宿舍。后来搬到复兴中路近复兴公园，也是一幢花园洋房，也是没收的敌产。吃饭到马路对面一幢对外称“增产节约委员会”的中共嵩山区委机关。在这两处办公的日子，给我留下的印象是难以磨灭的。

我是团区委青工部的干事，分工联系轻工业和纺织业，经常下厂联系青年团工作，兼做建党工作，晚上开会办公是经常的，记得有次我因去火车站接家乡来的人，向领导请假，晚上 9 点离开机关时，回头一看，机关各办公室的窗口都亮着灯光！

那时，我们下厂都乘公交车，车票一张张贴好，领导签字后报销。办公桌上电话机旁有个小木盒子，私人电话每次 4 分钱自觉放入。私事用了公家的信纸信封，被认为是公私不分，在民主生活会上自觉地作自我批评，同志式的相互批评……

记得有次我参加电讯电器行业的团组织活动，和团员青年们到烈士陵园扫墓，并应邀讲了“革命烈士王孝和的故事”，而后提出了对团员青年们的期望，其实是表达了自己立志要做一个人民公仆，全心全意为人民服务的志向！无意中留下的一张现场拍的照片，随着岁月流逝，有些褪色和模糊了，但这张照片我珍藏至今，当时的情景和心境，却是随着岁月的磨砺而更清晰了！不时翻看这张照片，我常常会思绪倒流，感慨万千……

这些就是我选择人生道路的过程，这一选择决定了我的人生追求，规范了我的人生走向，一辈子都无怨无悔。

一九五七年，满腔热情地为团员青年们讲革命故事。

军　　装

解放军的军装，可爱，我求之不得。

青年团上海市嵩山区委机关在复兴中路近复兴公园的一幢花园洋房办公，楼下做会议室和部分办公室，落地大窗外，那洒满阳光的草坪和枝繁叶茂的树木，至今还活灵活现如在眼前，更难忘的是在这里留下的深刻印象。

马路对面就是中共嵩山区委机关，当时对外则称“上海市嵩山区增产节约委员会”，因刚解放不久，共产党的机关还只是“半公开”。

我们团区委机关没有食堂，都到对面的机关食堂去用餐。区里的领导同志和大家一起，同样拿着碗筷在食堂的窗口排队，用饭菜票买了饭菜后，大家随便坐在一起用餐，边吃边谈工作也谈家常，说说笑笑，融洽无间。有位我所敬佩的领导同志，将农村的结发妻子接来上海，这是一位梳着巴巴头、穿了大襟土布棉袄的农村大娘，人们都对她当了大官的丈夫不学“陈世美”而倍加敬佩，一时传为佳话。

领导同志中大都来自部队，穿着旧军装，不戴领章而已，依然保持着军人气质和姿势，是我羡慕和敬重的！

这年年底机关干部集中学习，后期每人都要填写履历表，要求如实详细地向组织报告本人及家庭的一切情况。我作为一名新党员，毫无顾忌地将所有一切情况都如实写上了，包括家乡土改时，因家里有二十多亩田，按土改政策被划为工商地主成分的情况，都照实向组织详细写清楚了。

1955 年 7 月，第一届全国人民代表大会通过的新中国第一部兵役法颁布，实行义务兵役制，代替志愿兵役制。我们青年对此反响最热烈，团区委机关里也只有 4 位应征适龄青年，我是其中之一。为有机会服兵役当解放军，我们个个都兴高采烈地去报名参军，争取到人民解放军这革命大熔炉去锻炼成长！

中国人民解放军在我的心目中，就是光荣、崇高、神圣的化身，他们浴血奋战，赶走了日本鬼子，又打败国民党反动派解放了大上海，对人民群众秋毫无犯，露宿街头！我的第一个上级、“五反检查队”队长，就是一位转业军人，他总是穿着一身军装，风纪扣从不松开，我和他一起拍的照片，一直珍藏着。我多么想也能成为一名中国人民解放军战士，穿上新军装呵！年轻、单纯得有几分幼稚的我，好像自己已经肯定会入伍到部队服现役了，处处都在学解放军呢!

与此同时，我们团组织也在积极配合做好征兵宣传动员工作，尤其对青年团干部有严格要求，适龄应征对象要以身作则，起模范带头作用。可是，在自己所联系的基层中，有一家钢笔零件厂的团支部书记，本人是适龄应征对象，但他却顾虑重重，不表态，强调家庭困难，影响了全厂征兵工作。我多次同他个别谈心，做他的思想工作，想不到他依然迟迟不肯报名，在团员青年中造成一定的不良影响。

我为自己没能做好工作而不安，对这位同志的态度难以理解，又一次和他个别谈心无效后，在夜深人静之时，我奋笔疾书，写了一篇题为《同志，拿出点勇气来吧！》的文章。

这篇文章很快发表在《支部生活》杂志上。

我又一次上门去和这位同志谈心，他依然故我。

可是，结果我自己却没有被批准入伍，而是编入预备役，领到了一张预备役军官证，但没能穿上新军装雄赳赳地去部队。为此我虽然能做到服从革命工作的需要，但心里总觉得有些遗憾，穿不上新军装就不能证明自己的勇气和决心，还写文章批评别人？从此，我更加羡慕穿军装的同志，有次自己头戴军帽、身穿军装的情景还在梦中出现，醒来怅然若失……

从此，我的军装情结，深深埋在了心灵深处。

当笼罩祖国天空的阴霾一举扫去，拨乱反正使中华大地阳光明媚，我幸运地重新回到上海，回到机关，回到党内。被选为南市区人民政府区长，后被选为区委书记，兼任区人民武装部第一政委，发给我一套中国人民解放军的新军装，我高兴地穿上，独自面对镜子照了很久，想了许多许多……此乃后话。

笔　　癔

嗜好太过必成瘾。书瘾笔瘾成了我的嗜好。

我在南京当学徒时，从地摊上买了一本《骆驼祥子》，偷偷地读了一遍又一遍。想不到陈老板家那位名叫月妹的亲戚也在看这本书，为此她还“奖”过我一颗回味无穷的糖果！从此，我就更加喜欢看书，如饥似渴地读书成瘾。

到上海后，在民丰铜丝厂工作不到一年，转到泰昌永五金工场工作后不久，就听到说可以进职工业余夜校读书，我喜出望外，马上就去报了名。记得第一天上夜校，是到云南南路淮海东路一个叫“四明公所”的地方，离我工作的所在地人民路会稽路不远，我下班后总是早早地就挟了书本走去，有时走到夜校还没开门……

有次路过金陵东路时，看到一家旗蓬商店的橱窗里，到处都是五星红旗，还有墙上挂的，地上放的，门口堆的，全是崭新的国旗，却都横七竖八地随便乱扔乱放，我的心里顿生一种难以言喻的不快，就向店里的负责人提意见，不应该对象征国家的国旗这样乱扔乱放！但他爱理不理的，还说我这是多管闲事。

怎么可以这样对待神圣的国旗呢？当天晚上，我想了许多，辗转反侧不能入眠，就上述内容连夜写了一封信，寄给解放日报社。不久，这封信在报上的读者来信栏发表了。

这是我的名字第一次用铅字印在报纸上！

这封信在报上登载以后不久，就有记者来和我联系，吸收我为报社的通讯员，还让我参加了通讯员学习班，到报社参观报纸的编辑、印刷过程，印象最深的是在排字房看到工人们如何手工操作将一个一个铅字排版成文章。

从此，我在做好本职工作的同时，总会想到应该写点什么？也许这就是“笔瘾”的开始吧？

我联系的一家工厂，有位青年团员叫王永祥，当他看到遮雨的天棚就要倒塌，天棚下正有位上了年纪的女工在洗衣服而丝毫未觉，他就毫不犹豫地冲了上去，奋不顾身地救出女工，自己却受了伤！我对他的事迹深有感触，觉得自己应该向他学习的同时，还有责任写出来加以发扬，以利于更多团员青年学习，于是就在工作之余写了《忘我救人的王永祥》一文，发表在《青年报》上。

记得是在下基层联系工作时，我偶然听到棚户区的居民反映，有位青年民警实在好，看到弄堂里晚上黑灯瞎火的，自行车进出常常撞伤人，他就想方设法安装了路灯；接着又了解到居民用水要到给水站去拎，费钱费时不方便，他就克服困难打井取水，还亲自动手挖井，群众感动，我也被这事迹感动，就写了题为《一个优秀的户籍警》，很快发表……

这些文章后来都收在《青年的共产主义道德在成长》一书中，出版发行。不久还再版并有了续集，发行量可观。

就是这本书，在我几经坎坷后的非常岁月，还引发了一段耐人寻味的故事。此乃后话，再说。

后来，上海市内区划调整，原嵩山区一分为二，分别划入卢湾、邑庙区。我分配到邑庙区团委，仍在青工部工作，联系轻纺业等工厂。从此，我的三口之家也随之搬进了人民路 127 号机关宿舍。虽已为人父，我还是继续在机关干部业余文化补习学校读书，有几位老师也住在人民路机关宿舍彼此成了邻居，有次说起老师让我将自己写的作文在课堂朗读的情景，还引来了邻居们愉快的欢笑。

读书和写作，成为我当时和工作密切相关又相得益彰的业余生活。记得我在下厂时，发现一家五金工厂有一对既是父子又是师徒的工人，相互关系中透露的情感纠葛很有情趣，就写了一篇较长的通讯，没想到很快就在《劳动报》头版头条位置全文发表，这使我萌发了学习文学创作的冲动。

此后，我不再满足于写真人真事的通讯报道，而跃跃欲试于文学创作。我写的第一篇小说《闹钟回家》，得到作家阿章老师的鼓励，发表在他主编的《劳动报》文艺副刊上，后收进《恋爱问题》一书出版。这篇可视为我的处女作，在市青年宫公开展出时，工人作家唐克新同志写文章对这篇习作进行了评论。我被吸收参加上海市青年文学小组，并担任小说一组副组长，组长是崔达同志。想不到组员黄可同志会在几十年后成为我到市文联工作后的同事。

真可谓一发不可收，随后就陆续有了《青春的火焰》、《开除》、《离别》等小说习作的发表，其中《开除》在曹阳同志主编的《青年报》副刊发表时，登了一整版，配了三幅插图，有一定影响，从此，我"染"上了笔瘾，业余爱好除了打篮球，就是读书写作，常常有不眠之夜带来的喜悦，当然同事、朋友也为我高兴。记得1956年夏天，我屡有习作见报，机关里的同事在向我表示祝贺时，开心地提出要我"请客"，体现了同志间的亲密感情和毫无隔阂。

时值炎夏，我就去买了两箩筐西瓜，大家一起吃了消暑解渴，嘻嘻哈哈地边吃边开玩笑，亲切自然……

狂　　欢

一九五六年国庆狂欢之夜，终生难忘。

在民主改革工作队的工作全部完成后，我正式调进青年团嵩山区委工作，分配在青工部，具体联系的是轻工业、纺织业青年团的工作，当时区里管辖的工厂都是中小型企业，规模不大、职工人数较少，按行业建立联合支部或小厂总支部，企业则全部都是私营性质。

经过“五反”运动后，私营企业的劳资关系发生了根本改变，工人的地位提高了，话语权增加了，大都建立了劳资协商会议，企业的经营管理和工资福利方面的事情，需要经过劳资协商会议讨论取得一致后实行。工人翻身感和当家作主的意识大大增强，工会和青年团组织的作用越来越明显。

随着宣传贯彻建设社会主义总路线理论，上海很快掀起了社会主义建设高潮，气氛越来越热烈，向苏联老大哥学习，开展大规模经济建设，人们的面前展开了一幅美好的愿景。私营企业走公私合营道路，发给资本家定息，名之为“赎买政策”，从试点很快形成规模，迅速掀起了全行业合营的高潮。让资本家们继续在企业里工作，有的还可以担任领导职务，如副厂长、副经理等，而上级委派的公方代表则担任正职，体现领导权，掌舵。这时的上海滩，到处洋溢着热烈而欢快的气氛，资本家们敲锣打鼓向政府申请公私合营，一时间上海街头出现了锣鼓喧天争相申请公私合营的热闹景象。

1956 年 10 月 1 日国庆节到来之前，市里领导决定，在市中心人民广场及其周边马路上，进行大联欢活动，以欢度国庆佳节，庆祝全行业公私合营的顺利完成，迎接社会主义建设高潮的到来！计划下达后，我们区和基层的团干部都欢欣鼓舞，认为这是顺应民意的决策，都积极投入了筹备工作中。

狂欢之夜虽说是以全上海人民的名义，但进入现场亲身投入其中的人数毕竟有限，绝大多数是年轻人，因而青年团组织的责任重大。我荣幸地从一开始就参加了这项工作，在动员、组织基层团干部积极做好这一有特殊意义的活动的同时，我还分工负责一个联欢方块的现场指挥。

事先的组织和培训工作相当繁重。第一步由上级团组织分配给基层参加人数，根据要求选拔并确定参加人员名单，经本单位党组织审核批准后，再集中培训；除了队列、步伐、姿势等，对着装也有要求，重点是培训歌舞和游戏节目。我印象最深的是载歌载舞的《找朋友》：“找呀找呀找呀找，找到一个朋友，行个礼啊，鞠个躬，找到一个好朋友。”这歌词，几十年岁月流逝后，我还能记得呢！

考虑到这次狂欢之夜时间长、活动量大，上述安排一直要边跳边唱直到天亮，体力消耗大，但又不能休息造成“冷场”，于是就设计了一种叫“丢手帕”的游戏，也就是大家围成一圈，可蹲可坐；另有一人手持一块手帕，在圈外快走，说不定什么时候将手帕丢在了哪个人的背后，如被丢手帕的警惕性高，即时发现，马上捡起，可以追上去，再选择适当时机，丢到别人的背后，否则，就要表演一个节目，唱歌、唱戏、跳舞随意……

这次上海人民国庆狂欢之夜，整个人民广场和周边的马路上，全都灯火辉煌，人山人海，载歌载舞，秩序井然，成了欢乐的海洋，可以说是空前的。这一夜，也在上海人们心中留下了难忘而美好的记忆！

狂欢之夜结束后，东方已曙光初现，上海在晨曦中显得扑朔迷离。我回到家中，还处于兴奋中，照例写了日记，大意如下：我真幸运，生逢盛世，能参与这样的工作和活动，经受了切切实实的锻炼，留下了终生难忘的印象，实在是开心、幸福！

说到记日记，应当赘言几句：参加革命工作以后，我养成了每天写日记的习惯，长短不一，如实为要，帮助记忆。后来发生了意想不到的情况，反右派以后，自己就再也不写日记了。

耕　　夫

我属狗，却和牛结下了不解之缘。

1956年10月14日，上海外滩的早晨，阳光明媚，秋高气爽，我一早就来到黄浦江畔，在外滩静静地等候着，等候鲁迅先生灵柩的到来。

当时我是个热情单纯的小青年，酷爱读书，初学写作，是上海市青年文学小组小说一组的副组长，怀着对鲁迅先生的崇敬心情，为能参加先生灵柩的迁葬活动，感到既自豪又兴奋。当先生的灵柩缓缓经过外滩时，我们肃穆地迎上前去，跟随在宋庆龄、巴金、茅盾、许广平等文艺界前辈和有关领导同志的后面，护送鲁迅先生的灵柩来到当时的虹口公园安葬。

在新的鲁迅墓地举行了安葬仪式，巴金先生、茅盾先生和许广平女士先后致辞，表达了中国人民对鲁迅先生的敬仰和缅怀之情。安葬仪式结束后，接着举行鲁迅先生塑像揭幕仪式。这座塑像再现了鲁迅先生的崇高形象，他安静地坐在籐椅上，左手执书，右手搁在扶手上，神采严肃而慈祥，坚毅而亲切。我默默地仰望着鲁迅先生的塑像，心潮起伏，思绪绵延，决心读先生的作品，学先生的精神，走先生的道路，以“横眉冷对千夫指，俯首甘为孺子牛”为座右铭，从此以“耕夫”为常用笔名，将来有了书房，就以祖传的“乐耕堂”为书斋名。

此后，我的生活和牛结下了不解之缘，开始了自我牛化的人生追求，我的生命同文学相伴相随。回眸自己人生道路上留下的足迹，都与当年的愿景有着密不可分的关系……

我是唱着“解放区的天是明朗的天……”欢庆解放，迎来了祖国黎明的曙光。一个私营企业的小学徒，朦胧中感觉到世道在变。加入工会，进职工业余学校学文化，这对只读过几年村塾、在不足13岁时就离家当学徒的我，是梦寐以求却苦于不能实现的好事，现在如愿以偿，实在太高兴了！第一次夹着书本到职工业余夜校上学去的情景，至今还记忆犹新。

强烈的翻身感和求知欲，使我这个单纯幼稚的小青年浑身是劲，劳动之余就积极参加工会活动。

此后不久，我收到了报社寄来的信和空白表格，让我当通讯员。接着又来通知，让我参加通讯员学习班，听编辑记者讲课，分小组学习讨论。这使我有机会认识了几位热忱的资深记者，同时和几位通讯员成为朋友。这期间我还参观了解放日报，看了从编发稿件到排字到印刷到出报纸的全过程，开了眼界，长了知识。从此，我业余写稿的积极性大为提高，见报率也相应上升，尤其是调到青年团机关工作以后，生活的面拓宽了，接触的人更多了，碰到的问题也复杂了，学习思考的内容也相应丰富了。这显然和我喜欢读小说有关，比较注意观察生活，了解人物，重视情节、细节，我写稿也都是纪实性的人物通讯，如《忘我救人的王永祥》、《一个优秀的户籍警》等，发表在解放日报“朝花”副刊的《夜奔》，写的也都是真人真事。

我读书，要求自己不仅用“眼看”，而要用“心读”，在“啃”和“嚼”上下工夫。读鲁迅先生的作品，更要反复读，认真学，先生的《狂人日记》、《孔乙己》、《药》、《阿Q正传》、《故乡》等，我边读边想，再读再想，一遍又一遍。“这正如地上的路，其实地上本没有路，走的人多了，也便成了路。”等名言警句，不怕见笑，我是死记硬背，烂熟于心。我在准备学写小说，为圆自己的文学梦，暗暗使劲下工夫。

第一篇习作是虚构的《闹钟回家》，写一个钟厂的青年工人，带着厂里试制成功的新产品一只闹钟，乘火车回家乡过春节，他故意将闹钟放在茶几上，得意地向陌生的旅客作介绍，带着夸耀的口气说这闹钟怎么好。回到家里，当生产队长的父亲和村干部们正在开会，他掩饰不住自豪的神情讲这闹钟的好处，想不到闹钟却不争气，停了……

我就像这个青年工人，为写出这第一篇小说得意洋洋。其实，这篇小说表明了作者很幼稚，特别是写这个青年工人春节一过，假期还没到，就提前返回上海，现在看来是败笔。这篇习作在阿章老师指导下，发表在《劳动报》文艺副刊。唐克新同志作了评论，后收入《恋爱问题》一书。这也说不上是我的处女作，充其量不过是一篇习作。我喜欢习作这个词，我一直都在学习写作。

记得当时上海的工人和青年业余创作十分活跃。我的这篇习作发表后，在市青年宫展出，同好们给予鼓励和批评帮助。上海市青年文学创作小组经常开展活动，我被推为小说一组副组长，组长崔达同志是上海外国语学院的青年教师，也可以说是我的老师。有次我们小组到这个高等学府去参观，我感慨不已，为自己没能上大学而抱憾，暗下决心要自学补课。二十来岁的我，充满了青春活力，激情洋溢地在工作之余学习写作，相继发表了小说《黄毛丫头》、《离别》、《青春的火焰》、《开除》等习作。市作家协会杨友梅和青年宫、工人文化宫的老师对我们热情指导。记得有次在市作协东厅讨论陆文夫的《小巷深处》和张英的《八千里路云和月》直到深夜，散会后已经没有公交车了，赵自老师就对我说：一起走走吧。我跟随他走在静寂的陕西路上，走过了淮海路，都没有说一句话。忽然迎面走来一位妇女，擦肩而过后，赵自老师开口了：你能用几句话描述刚才走过的人的特征吗？我愣了一会说，是女的，好像是夜班下班的女工……赵自老师接着循循善诱地对我讲，写作要深入生活，观察人尤为重要等，这些话让我如获至宝，回家后，我彻夜未眠，坚定了走业余文学创作道路的决心……

想不到我和赵自老师等一别就是21年！期间人生况味个个不同，不堪回首……

错　　爱

没有爱情生活，只是生存，而不是人生。

她是谁？为什么要将发表我文章的报纸，齐整地剪下来，贴在白纸的中间，并将这文章发表的报名、日期、第几版，都细心地剪下来，贴在适当的位置，寄来给我？

我不断收到这样的剪报，却不知道做这一切的是哪一位？更不明白他或她为什么要这样做？茫然，疑惑、猜测……

这位还在继续一次又一次给我寄来剪报的人，究竟是谁呢？

我在团区委青工部工作，有时要主持一些基层团干部会议，有时要为团员青年上团课或讲座什么的，不经意间发现讲台前正中第一排位置上，总是坐着一位剪齐耳短发的姑娘，她那一双流露着清纯目光的眼睛，常常毫无顾忌地注视着台上的我，有时两人的目光相遇，她就突然移开目光，埋头记录……这个似乎有些面熟但却陌生的姑娘是谁呢？她和寄剪报给我的人，有没有关系？会不会就是一个人呢？

我联系工厂团的工作，下厂是经常的，接触的团干部中，好像并没有这么一位目光清纯的姑娘呀，她到底是谁？为什么要这样？

奇怪，她还在继续将发表有我文章的剪报寄来；而开会或上团课时，有时在台前正中第一排又见到了那清纯的目光！

我百思不得其解，甚至为此焦虑不安，可不要无缘无故的惹是生非？

于是，我不能不想到自己的婚姻。在我年幼无知时，母亲为我定了亲，可谓典型的“父母之命，媒妁之言”。到上海工作后，我曾经回故乡探亲，在母亲安排下，两人见过一面，还小，没什么说法。

此后不久，我正在“五反检查队”工作时，她的母亲陪她来到上海，当她的面对我说“我把女儿交给你了。”于是我就租了一间小屋让她住；托亲戚介绍她进了一家工厂做工。不久，双方母亲相约来到上海，为我们举行了婚礼……

这一切好像本该如此，理所当然似的，就这么简单，真的！

婚后我们也相处得可以，不久有了女儿，小家庭风平浪静的。我暗自告诫自己，可不要无事生非，引起什么风波！我反复考虑，决定尽快妥善处理这件意外发生的事情！

这天下午，在小礼堂上团课，那双清纯的目光照例又在头排中间位子出现。正是她。

散会时，她像往常一样，微笑着将装剪贴报纸的信封递了过来。我没有照例马上去接，而是客气得有些不自然地说："请你留一下。"

她留下来了。

当会场里只剩下我和她时，四周突然安静了下来。好像双方都不能马上适应，还是我先开口连声说谢谢，突然发现这太没头没脑，就接着补充说，谢谢你为我剪报。

"我可不是为了谢谢两个字，才做这一切的！"她莞尔一笑，说得毫不迟疑，"是喜欢……我喜欢这样，才去做这一切的，并且要一直做下去，做得更好，让你也喜欢！"

"不、不……"我一时找不到适当的词句，不无尴尬地喃喃着："这，不好、不行，也，不能……"

没等我说完，她急切地问："我哪里做得不好？你说，我一定改进，我会做得更加好，我会让你称心满意！"

最后一句，好像有点越剧唱词的味道，而且是明显的拖腔……

从她的神情和口气，我意识到了问题的复杂性，心想必须快刀斩乱麻，于是就抬腕看一眼手表笑笑说：“啊呀，时间不早了，我要回家烧饭去了！”

她听了不禁一怔，脱口而出：“回家？你不是住在机关集体宿舍吗？”说着，她眉头紧皱，满脸疑云。

我告诉她：“机关集体宿舍也有几户家庭，我的家就在三楼。”

正在这时，管理会场的同志接口说，不早了，我要关灯锁门了。于是我们就一起走了出来，走在华灯初上的人民路上，一时无语。

突然，她说要跟我一起回家看看，去做一回不速之客。

这回轮到我一怔了，但马上平静地表示：“欢迎，我代表我的妻子和女儿，欢迎你到寒舍作客！”

她先是一愣，但还是将信将疑地跟着我，走进了人民路127号，走上了三楼，到了我家门口，我大声喊妻子的名字，她看到我那怀抱女儿的妻子走出房门，这才一怔，随即猛然掉过头，飞也似的奔下楼去了……

她奔下楼去的慌乱脚步，和她那急速消失的背影，使我心生怜惜，并有几分歉意，很想追下去安慰她几句，解释点什么；可是，马上想到这不妥，还是就这样了结的好，快刀斩乱麻吧！相信她会正确对待的。

是夜，我在床上辗转反侧，难以入眠，想到没有爱情的生活，不是人生，只是生存。然而生米已经煮成了熟饭，那就应该生存下去，何况已经不是一个人的生存问题了，而是三个人了，我对妻子和女儿负有不可推卸的责任，尤其是牙牙学语中的女儿，是我把她带到人间世界来的，我不能给她造成痛苦啊！

恍恍惚惚地我独步在夜幕之下，仰望天空那一轮皎皎明月，感慨万端，不禁叹道：可望而不可即，可遇而不可求，那又何必遇、何必望呢！？

这夜，我又梦见了月亮的妹妹……

自　信

被误为骄傲的敢为人先精神，会压抑积极性，扭曲人的个性。

邑庙区是上海老城厢地区，区级机关大都集中在人民路新开河路口的厚德大楼内办公。团区委都是些小青年，朝气蓬勃。当时机关里每逢周末都有交谊舞会，记得团区委的姑娘小伙子们还自己出钱，根据各人脚的尺寸，在皮鞋厂各定做了一双硬底皮鞋。我算不上跳舞积极分子，但也定制了一双硬底皮鞋，很有兴趣地在学跳慢四步……

应该说我是个体育爱好者，机关篮球队的“中锋”，从不缺席的队员。记得有次我在厚德大楼的屋顶上独自练球，虽说有拦网，且只能玩排球，我却独自练投篮什么的，因用力过猛，篮球飞出了围网，飞落在人民路上，吓得我连忙跑下楼去看，所幸没有砸伤路人……

当时我正年轻，有点血气方刚的意味，也许由于进入革命队伍后一帆风顺，工作上常受到表扬，仿佛浑身有使不完的劲，对什么新鲜事都充满兴趣且满怀信心，有次机关在小礼堂举行晚会，我在大庭广众面前朗诵诗歌，一点也不怯场。当然我主要还是用心写作，自以为收获不小，有次拿到了一笔不算少的稿费，我到济南路旧家具市场买了一张写字桌，桌面是整块木板的，我非常喜欢，坐在桌前读书写作的感觉好极了，常常独自忙个通宵，发现窗外天亮了，赶快用凉水洗把脸，就拎上公文包赶去上班。不久后又到南京路永安公司买来了一只竹制的书架，将自己不多的藏书放上，房间里增加了书卷气，我坐在写字台前，点上一支烟，泡上一杯茶，心说：面包会有的，书橱会有的，书房会有的，心花怒放的感觉真好！

此后，我常常读书写作到深夜。

又收到了一笔稿费，机关里的同事们跟我开玩笑说，要我请客，当年不兴请客吃饭，我想时值盛夏，就去买了两大箩筐西瓜，让大家吃了个够，边啃西瓜边说说笑都挺开心。

这天晚上，我从吃西瓜的情景以及同志间无拘无束的交谈，想到人生的旅程长短不等、旅途的遭遇千差万别，到达终点时的情景更是五花八门。人生之旅如果是个人单独前行，那就像一叶扁舟，孤帆独航，多么不可思议；而生性合群的人们，在一起都嘻嘻哈哈的多开心，何况是志同道合的同事呢？我想自己今后要更注意和同志交流，向同志们学习。

此后不久，有次在大礼堂举行报告会，我是会议主持人，作报告是一位老资格的领导同志。我的开场白很简单，领导同志的报告长达两个多小时。我坐在主席台上，面对座无虚席的会场，看到渐渐地有人交头接耳，有人窃窃私语，还有的拿出报纸来看，会场里的秩序越来越不安静，可是，作报告的领导同志似乎毫不介意，自顾自继续照着稿子往下念，直到念完，很明显掌声不那么热烈。

我将报告主要内容提纲挈领、简明扼要地复述了三个要点后，宣布散会。

会后有团干部对我说："这位领导的报告啰哩啰嗦，听了不得要领，还是你最后讲的三个要点，既简单又明白。"

我听了只笑了笑，笑得意味深长，不无得意的色彩。

有天上午，团区委领导对我说，刚才接到团市委的电话，说有位市里的领导同志今天下午要来本区检查工厂青年工人的工作情况，要我汇报。我当场就说："今天下午我已经有工作安排。这样临时通知。我没法汇报。"

领导听了，给了我一个不好看的脸色，转身走了。

但我中午还是抓紧做些准备，下午，还是向市里来的领导，作了有条理的汇报，并提出了自己的看法和工作建议，得到肯定。

事情虽然过去了，但却埋下了团区委领导对我的不良印象。

过没多久，在机关党的民主生活会上，有同志批评我有骄傲自满情绪。我听了觉得有道理，应该虚心接受，认真注意改正。

从此，每当年度总结或党小组民主生活会，我都要就骄傲自满这个问题作自我批评，应该说，我的自我批评开始是比较虚心的，行动上也在注意克服这缺点，提醒自己要谦虚谨慎。但我对骄傲自满并没有恰如其分的分析认识，感到既要积极主动地工作学习，又要克服骄傲自满，两者怎么把握？为此有时内心很苦恼，骄傲自满还是常常顽强地表现出来，有时还以为：人嘛，特别是在年轻时，应该有点值得骄傲的地方，一天到晚老想着不能骄傲自满，岂不是在束缚自己的手脚？

我想这和自己读了《拖拉机站站长和总农艺师》这本书不无关系。此书的主人公是个有棱有角的青年，对官僚主义和不良现象敢于批评斗争，我很欣赏她敢作敢为的泼辣性格。王蒙同志的小说《组织部新来的年轻人》，我也很喜欢，自己的习作小说《青春的火焰》、《开除》中主人公的性格，也和这类青年人有某些共通之处，我想这绝不是偶然的。

后来，当我有机会去北京开全国文代会时，应约到王

青春年华，结婚生女，过着平常而安然的生活。

蒙同志家拜访，面谈后写了一篇《青春的握手》，记述了自己这方面的深切感受。

当时，我自以为爱读书求进步，响应号召写了“向科学进军”的五年规划，雄心勃勃地提出：要在做好工作之余，进行文学创作，写什么作品。实在没想到，这些已经给某些领导同志造成了对自己的不良印象：骄傲自满，狂妄自大，好高骛远！

也许，这就为自己埋下了祸根，而自己却木知木觉。

船　　漏

人生如一次从此岸到彼岸的航行，难免风浪。

1934年12月来到人世间的我，1957年才是二十几岁的青年小伙子，热情单纯中还有几分幼稚，生活在解放后的新中国，有强烈的翻身感和当家作主意识，积极热情工作的同时，正怀着文学梦，要从创作中追求理想的人生道路，要求自己将两者有机地结合起来，做一个让青春闪光的人。

当时的中国，被认为是政治领域山雨欲来风满楼的形势，整风运动接着反右派斗争，也波及基层。我联系的都是新公私合营的中小型工厂企业，经营管理由私方移交公方代表后，出现了一些新情况新问题，特别是原来的劳资关系发生了变化，公方代表和职工之间因生产福利等引起的矛盾比较突出，甚至出现了停产、罢工等不正常现象。

我作为一名联系工厂企业的青年团干部，在联系基层青年团工作过程中，就如何发挥共青团的组织作用，带领团员青年以搞好生产、维护社会和企业的正常秩序，支持公方代表做好工作、发挥积极作用进行了探索，总结了这方面基层团组织的先进经验，在区里的团干部中进行了交流。

原任邑庙区团委书记的一位姓刘的女同志，当时已调在团市委任职，她经常来关心指导邑庙区团委的工作。有次她找我谈话，了解工作情况，不久，她就通知我作准备，到团市委召开的全市有关团干部会议上，介绍上述经验。我如实地汇报了有关工作情况，并谈了自己的体会。

也是这段时间，我接到了新民晚报社寄来的邀请函，应邀参加了由赵超构同志主持召开的座谈会。会上的发言都是关于反右派的内容。我也作了发言。会议结束，赵超构同志和我握手道别时，希望我为夜光杯副刊多写稿。

这次座谈会的纪要，发表在1957年7月9日“新民晚报”第5版，我的发言排在第一，而且摘登了三段，是摘登最多的。

我应约写了篇题为《传家宝》的文章，寄给赵超构同志，很快发表在1957年7月15日“新民晚报”副刊《夜光杯》头条。

机关里的同志说起以上这些情况，都向我表示祝贺，或投以赞扬的目光，有的同志还说我就要被提拔担任青工部副部长了。

对此，我都只是笑笑。

这些事实都说明，我在1957年那场反右派斗争中，是一个表现很好的青年团干部，甚至可以说是反“右派”的积极分子！

万万想不到的是，不久以后的机关内部“整风补课”，厄运却突然降临到了我的头上！

机关里开始“整风补课”，动员报告讲的明白，社会上的“右派分子”利用整风大鸣大放向党进攻，现在反右派斗争胜利结束了，我们自己内部要整顿作风，改进工作。也可以说是党内整风补课，大家要畅所欲言。当时的我，对党的号召绝对拥护，而且总是积极响应，努力贯彻执行，毫无疑问的，这次当然也不例外！

当时我联系基层企业团的工作，确实很忙，开会学习请假较多，即使参加会议也较少发言，大字报几乎没写，于是有同志贴了一张意为“李伦新为什么这样沉默？”的大字报，我看了直觉是：这个意见提得对，自己确实忙于下厂处理事务，应该尽可能多参加学习，少请假，争取多发言。

于是我积极地在会上发言，并写了一些大字报，其中有一张题为《常委会上的怪现象》，写了常委们开会有的“姗姗来迟”、“谈吃谈喝”、“议而不决”……等内容，引起了注意。

稍后，由团区委工业部长牵头、商业部长和我三人一起参加，在学习会上作了“联合发言”。按分工，我讲的是党对私人资本主义工商业改造方面的情况和存在的问题。

没想到，做梦也不会想到，忽然间风云突变，气氛异常，我却木知木觉，毫无感觉。那天早上，我像平常一样去机关上班时，突然看到挂出的一条横幅，上面写着：彻底批判李伦新的右派言论。

我简直不敢相信自己的眼睛，这是怎么回事……

后来发生的事情，我不想细说也不必赘述了。

很快，我被定为反党反社会主义的“右派分子”，主要“罪行”是在三人联合发言中攻击和否定党的对私营工商业改造的政策；还有寄给文汇报社没有发表的《龙套的功勋》等两篇杂感，是污蔑、丑化党的领导，否定党的工作成绩等。

在处分时，给予我开除党籍、行政降二级。

我想到自己加入青年团以来，胸前总别着一枚任弼时同志头像的徽章，一直记着他大意如下的话：共产党、青年团组织，对待同志要像严父、慈母、益友一样！眼下怎么会是这样了呢？组织上在找我个别谈话，要我在处分决定上签字时，我提出了自己的看法：我承认自己有缺点有错误，客观性质也是严重的，但我主观上决不会反党反社会主义，要求留在党内改造思想。

谈话直到深夜，我坚持自己的意见，结果还是只好在结论上签了自己的名字。

签完字我依然申述：我对自己最了解。即使组织上被开除了，我思想上行动上还是要以共产党员标准要求自己！相信历史一定会证明我的为人！

签字后，我走出机关大门，走在茫茫夜色中，情悲绝，心欲裂，泪水夺眶而出。我不想回家见妻儿，恍惚中走到了十六铺轮渡码头，走上了渡船。黄浦江上清凉的风吹得我头脑清醒了一些，我想绝不能像那位导演一样跳下去，更何况我家有刚出生不久的儿子和牙牙学语的女儿，两个无辜的幼儿是我带到这人间世界来的，我对他们负有不可推卸的责任！我不能不负责任啊！

在浦东南码头的一小店里，我独自喝了点苦酒，禁不住泪如泉涌，我竭力不让自己哭出声来。我怎么会遭此不幸？怎么办，我该怎么办？一阵江风吹来，使我清醒了些，想起在哪里读到过的一句话“一个不能承受不幸的人是真正不幸的”。这话好像是古希腊哲人彼亚斯说的，我在给团员青年讲《生活的目的》团课时引用过，今天应该对自己起作用啊！对，我要坚强地努力去承受一切不幸！

想到这些，我就乘上渡轮，回到家里，对妻子只说机关里有事，回家晚了，上床用被子蒙头睡觉，可怎么能睡得着呢？

想来想去想不明白，我被戴上“右派分子”帽子，是不是与自己的家庭出身是工商地主成分有关？可是，家庭情况我早已全都如实地向组织写清楚了呀，党组织的负责同志对我再三表示：出生不由己，道路可选择，这不影响入党。难道现在政策有变化了吗？我困惑不解？

我想：人生就像一次从此岸向彼岸的航行，航程无论长短，不可能总是一帆风顺，难免会遭遇狂风暴雨、暗礁险滩，我这小船，如今触礁被撞，漏了，破了，难道就此任其沉没吗？不！不能！我要接受这个事实，吸取沉痛教训，积极修补小船，力求继续前行。不说为了别的，就是为了家庭，为了儿女，也为了证明自己，我也要活下去……

感　　激

感激他人的同时，也激励自己奋勇向前。

在我被戴上了无形却异常沉重的“帽子”后，处境突然起了根本性的改变，人们看我的眼光也都不同以前了。然而，也有许多人让我感动得热泪盈眶，这感动深埋在心底深处，激励着自己振作起来，走好今后的人生道路。

翻砂工人出身的陈某某，在厂里当团干部时和我相识，后调到团区委机关，在工业部我们成了同事，而且同住机关宿舍，是邻居，可谓知根知底亲密无间。在讨论对我组织处分的党员会上，他没有举手赞成开除我的党籍。这在当时是不能允许的，当晚他就被找去谈话，不但受到批评，还受了一定的组织处分，后来被调离了机关，下到基层商店去工作。这都是因为我，给他带来的影响这么大，实在不是我向他说一声感谢所能表达的，何况我连向他说声感谢的可能也没有！

在我受处分戴帽子以后，单位就不再让我下基层联系工厂团组织的工作了，安排我整理机关历史档案。一个人在一间夹层矮屋里，孤寂烦闷之感挥之不去。中午休息时，我像以前那样去打乒乓球，可是，当我拿起乒乓球拍，对方马上放下球拍，转身就走，我尴尬得连忙离去。机关里的同志大都是年轻的共产党员，以前在一起说说笑笑打打闹闹无拘无束，中午休息时打乒乓球，下班后或星期天有时相约去工厂学校进行篮球比赛。可是现在，同事们都不和我打乒乓球、打篮球了，见了面也不再招呼，形单影只的我，深感被孤立了的痛苦。但我也能理解，这不怪同志们，都是自己造成的，骄傲自满、忘乎所以，怎能不跌跤呢？

就在我受处分后的一天晚上，正在家中呆坐着抽烟时，忽然听到有敲门声，谁呢？如今我这样的处境，还会有谁来我家串门呢？想不到来的是以前我所联系的一家铁工厂的团干部，他们听说我在整风运动中出事了，就来看看我，说了不少相信我、安慰我的话，使我非常感动，但却一时不知如何表达自己此时此刻的感情？送走他们后，我禁不住泪如泉涌！我想，任何时候都不能忘记这份真挚的感情！

还有值得永远记住的是：我收到了一封信，是塞进我家门缝里的，空白的信封里装着一张小纸条，上面只写了一行字：人要学会走路，也得学会摔跤，而且只有经过摔跤他才能学会走路。

后面括号里写了这几个字：希你记住马克思的这句教导！！！

一连三个惊叹号触目惊心，终生难忘。

这是谁写的呢？

我马上想到那位开会总是坐在正中位子、剪贴发表有我文章的报纸的那位多情姑娘……

我去胞兄家里，告诉他我出事了。他像往常一样和我一起喝酒，不同寻常的是，猛喝两杯就有了醉意，又是两杯下肚，我再也控制不住自己的感情，突然痛哭失声，哭得伤心极了！这是我有生以来哭得最伤心的一次。

我们兄弟间是肝胆相照的。大哥没有对我表示安慰，只反复对我说着一句话："留得青山在，不怕没柴烧。"

这话我一直记在心里，时常想起……

回到家已夜深，我躺在床上辗转反侧，思前想后，最痛苦最担忧的，一是我今后还能不能写作？二是对我两个幼小的儿女将会带来怎样的影响？我神使鬼差似地起床，开灯，奋笔疾书，写了一篇小文章，打算寄到报社去，说不清是为了过过难熬的笔瘾，还是想投石问路，试试现在报纸还会不会发表我的文章？我还有没有发表文章的可能？我在将这小稿寄给《解放日报》朝花副刊时，用了"又新"这个从未用过的笔名。

过了几天，我看报纸时突然眼前一亮，"又新"见报了！

这可是我被处分后发表的一篇小文章，“又新”，我又是一个新的业余作者了，多好呵！当然，这是名副其实的“窃喜”，短暂的高兴之后，是长时期的更加沉痛的苦闷！

当我冷静下来，手捧刊登又新文章的“解放日报”，想感激编辑却无法表达，因为我想到：如果这位编辑知道我“出事”了，就不会发表我的这篇文章了！

转而又想，“解放日报”是我发表文章最多的报纸，编辑对我一直指导帮助，现在发表我以“又新”笔名寄去的文章，说不定是为我担着风险，寄希望我“又新”！想到这里，我很激动，非常感激这样的编辑，使我增加了生活下去的勇气，怀着重新拥有发表文章权利的希望！是啊，人，怎么能过没有希望的生活呢?

当时我一再想到“滴水之恩，涌泉相报”的古训，在我突遭飞来横祸、身处逆境时，还有这些理解我、关心我的人，难能可贵啊！我一定要铭记在心，知恩图报，决不做忘恩负义之人！

下　　放

“罪不及父母，祸不及妻儿”吗？

我那还在襁褓中的儿子，晚上总是要我抱在怀里，在房间里边走边哄，口中念念有词：“宝宝乖，宝宝睡觉了。”如此这般地抱着他走着哄着老半天，才能睡着。以前我这样抱着儿子哄他睡觉，是在享受天伦之乐，有种幸福感，想象着孩子长大了，成革命接班人，他一定会比我强……可是，现在，我的头上，被戴上了一顶无形却异常沉重的帽子，心情完全两样了，抱着儿子边走边哄他时，想到自己害了妻子儿女，不可避免地连累他们，今后会有许多不可预测的情况，想到民谚：“罪不及父母，祸不及妻儿”，我多么希望一人做事一人当，妻子儿女是无辜的呀，可是，事实上还是不可避免地要影响他们，这都是我的罪过……

我不可能继续在机关里工作了，去农村劳动的可能性很大，这是我有思想准备的。只是这天上午忽然接到通知，说是明天就要离家去浦东六里公社六北生产队报到！

这使我实在措手不及，但我还是点点头，只好赶紧默默无语地去准备行李，按要求准时动身前去报到。

世上没有后悔药，早知有今日，我不会结婚，不会要孩子！可是，晚了！今后，在药厂上班的妻子，要照应两个年幼无知的孩子，这太难为她了！我深感对不起妻子和两个还不懂事的孩子！是我害了他们！

记得是 1958 年 3 月 4 日，妻子一早起身，忙着送女儿去了托儿所，又将襁褓中吃奶的儿子带上，一定要送我去农村。我们一起乘市轮渡过了黄浦江，在南码头乘了一辆三轮车，来到浦东六里人民公社“六北”生产队，住在生产队队长刘红星的家里。

第一次劳动我就出了洋相。周家弄的一口水塘，水已抽干，要挖塘泥，挑上岸来当肥料。我挑着空担子走跳板就有些颤抖，挑上装了塘泥的担子，刚走几步就跌了下去，半截身子陷进了塘泥中，好几位公社社员连忙过来将我拽上来，我简直成了一个泥人，狼狈不堪！

我羞愧无比，回到住处，稍作洗换，马上又去挑塘泥。也许是吸取了跌跤的教训，走得小心了，站稳脚后一步一步挪动，渐渐地有些适应了。当天晚上，又累又困的我却睡不着觉，辗转反侧，想到此时此刻的妻子儿女，敏敏习惯睡在我身边，小手搁在我的胸脯才能安然睡着，今夜她

被戴上右派分子帽子去农村劳动，满脸茫然和无奈的神情。

怎么样？可睡着了吗？玲玲则习惯由我抱着在房间里边走边哄，才渐渐入睡，睡着后轻轻放到床上……如今我来在浦东农村，这母子三人怎么过啊？明天天亮又够妻子忙的了，女儿送托儿所，再怀抱小的去厂里上班，这可要让妻子累坏身体的啊！我想了很多很多，不知什么时候才迷迷糊糊地睡去了……

这都是我害了妻子儿女！我痛心疾首，一切都应该让我一个人承受，怎么能这样让他们承受这样的困难？他们是无辜的，是我害苦了他们啊！

这不是说一句对不起他们的空话，就能了结的！

严酷的现实迫使我必须回答：怎么办？我该怎么办？

这一切都是我造成的，解铃还需系铃人，毫无别的办法，唯一可行的是，我只有努力改造自己，争取摘掉帽子，回上海工作合家团聚，才能相互照应！为此，我要求自己：从此以后不怕苦不怕累不怕脏，积极劳动，学习也要带头发言，不讲错话。于是，我专门写了一份决心书，表示要以实际行动努力争取，一年内摘掉右派分子帽子、两年内重新入党。并将这决心书送交党组织。

从此以后，我每天都在以实际行动，争取实现上述目标！

争　　取

不同目的的争取，会有不同的态度和方法。

在中国现代史上，1958 年是“大跃进”之年，也是我戴上帽子以后，下放在上海浦东农村劳动的日子。一心只想积极劳动表现好、争取早日“摘帽”的我，为此要求自己必须一切都服从、顺从，哪怕是盲从，总之是叫干什么就干什么，并且竭尽全力地干好。

我被分配在生产队的“大田班”，班里的公社社员大都是男性青壮年强劳动力，经常挑重担运送肥料和蔬菜等。开始时我力不从心，肩膀压得又红又肿，重担上肩痛得钻心，我咬紧牙关不吭声，尽力用手帮助托扁担，以减轻压力和磨擦，硬着头皮坚持下去。渐渐地肩膀磨出了又硬又厚的老茧，压上重担不再那么钻心地痛了。

除了在大田班和社员们一起劳动外，我们几个同样是戴上右派帽子的人，常常要“同类项合并”，集中在一起去劳动，例如晚上去拉劳动车运输肥料，到荒野之地挖掉坟墓平整土地等，有次我们这些人被集中在一起，深翻土地造斜坡田，说是一亩地能变成两亩地，就是划好线后将土挖了堆成斜坡状，坡面朝阳，这样种植面积可增加一倍，产量随之可翻番。尽管我等都知道，这样做的结果是：熟土压在了深处，生土却翻到了表面，是种不好庄稼的，特别是蔬菜很难在这上面长好，但谁也不说，是不好说，也不敢说。大家依然很积极地劳动着，可谓违心而盲从的劳动，也是无效劳动。结果当然是毫无收获。

这样的事比比皆是，最典型的要数轰赶麻雀，我们这些人被集中在一起后，先听动员，说消灭包括麻雀在内的“四害”，意义如何重大等，而后叫我们分别到指定的屋顶上、大树上，用一根扎了布条条的竹竿，不断地摇动并大声叫喊，轰赶麻雀，说是使麻雀无处落脚，就会累得从空中跌落下来，或摔死，或被捉，以这样全民齐动手的群众力量，消灭四害之一的麻雀。我们对这样的事即使有自己的看法，也只是腹诽而已，谁也不吭一声，都在起劲地轰赶小小的有些可怜也有些狡猾的麻雀……

和我同样情况的一位姓裔的小学教师，有时不但“腹诽”，还忍不住要嘀咕几句，被指为不老实改造，是“翘尾巴”。这天他突然不来和我们一起劳动了，从此消失得无声无息，后来才隐隐约约地听说，因为他不老老实实地接受改造，被送去边远地区劳动教养了！这事对我们这些人确实起了警钟作用，我暗自告诫自己必须埋头劳动，多出力少开口，千万要小心谨慎，祸从口出的例子太多了，我不能再出事了，为了妻子儿女，我要求自己，决不能再出任何问题，否则会连累他们母子更加受苦！

这时，郊区农村开始大办食堂，家家户户的灶头拆的拆、废的废了，都到社员食堂去打饭菜，我们这些人当然也吃食堂了。不同的是，我和老孙等人每天早上要为食堂挑水，从村前的河浜里挑两水桶水，担子不轻，十几个来回跑下来已经很累，吃了早饭马上又要跟社员一起出工，实在吃不消，但我咬紧牙关坚持下去，因为我要争取摘去头上那顶“帽子”！

回想当年争取入党时的情景，我深感惭愧。不同的争取目标，决定了不同的争取境界、态度和方法，是完全不能相提并论的。可是又有什么办法呢？

社员们很快知道了我戴了帽子的情况，有的还悄悄对我说：“你还年轻，今后的日子长的很，要当心身体。”

我天天一早为食堂挑水，和食堂里的阿林婶婶等很熟悉了，有时她们会叫我帮着干些杂活，在我到食堂去买饭菜时，她们总会给我多于定量的米饭，有时还会往我的碗里放一些不该我吃的菜……

吃这份外饭菜的滋味，我一直记忆犹新、回味无穷。

父　　亲

天地之性，人为贵。人之行，莫大于孝。

突然接到电报，我的父亲去世了。可怜的父亲，你怎么这就去世了呢？你死的不是时候啊，儿子现在这样的处境，叫我如何是好呢？但我想不管怎样，我还是要尽可能争取回故乡为父亲送葬，于是先去向领导汇报，提出了请假回家乡奔丧。

我如实向领导报告了收到电报的情况，表示了希望请假回上海去和胞兄商量丧事处理问题。主管我们的这位领导比较宽厚，他马上表示同意，我就立即赶回上海，去和胞兄商量。

乡下有一个胞弟，他原本在上海的，曾经在一家工厂做工，和我住在一起，后来厂里不景气，失业在家，他一方面参加一些居委会的活动，一方面在家里自学文化技术，为此我专门为他借来了一台旧收音机，让他待业期间自学，以积极争取早日就业。想不到我出了这么大的事情，在我下乡劳动前，经和大哥商定，他只好回家乡去了。要让刚回乡不久的弟弟一人去办丧事是困难的，在上海的两个胞兄都不回去，于情于理也讲不过去。

我们同胞兄弟四人，老三幼时溺水身亡，按族规大哥过寄给膝下无后的大房，但都住在一起。我们弟兄相处很好，胞兄在厂里是科室干部，因我的右派问题不可能不受影响。都想去奔丧，但困难确实都不小，那就都不去了，写封信汇点钱去。

我们还是觉得这样不妥，上海的儿孙至少要有一个人回去才行，于是我连夜一个人回乡奔丧！我只拿了点衣物，带上仅有的全国粮票，马上赶往火车站，买了一张去南京的火车票。头戴无形的帽子、身背沉重的包袱，我这不孝的儿子奔丧来了。

在夜行的火车上，我的思绪慢慢飘回过去：我在南京同茂五洋店学徒时，有天下午，父亲突然出现在柜台前，我连忙走出店门，陪他去吃了碗面条，送他到中华门外，让他独自回家去，而我回到店里，为不能多陪伴父亲一些时间，更不能留他住一宿，感到无比内疚。后来我在上海成了家，住进人民路较为宽敞的一间房子，我就接祖母和父母亲来到上海，让他们在上海玩玩，住了些日子后才回乡下去。这样，使我愧疚的心，稍许有了点自我安慰……

天亮到了南京，我马上乘公共汽车赶到湖熟镇的前三岗村，一走进陌生了的家门，就看到了父亲的灵柩，我连忙跪下、磕头，心说不孝的儿子来迟了，禁不住泪如雨下……

母亲苍老多了，她为我们这个家付出的太多太多，这次又是她到处奔忙办丧事，家里还有病卧在床的我的祖母要服侍，她的日子过得太难了啊！

胞弟伦正显得与他的年龄极不相称地木讷，寡言少语。如今见了我，相对无言，我心里却有说不出的愧疚，如果我不出事，他就不会……

有邻居悄悄地告诉我说："你父亲是饿死的！自从村里办了食堂，家家户户的灶头都扒掉了，都到食堂打饭。开头还可以，渐渐的就吃不饱了，'柿子拣软的捏'，你父亲去打饭时，给他的就更稀更少。人是铁饭是钢，他总吃不饱，能不生病？病了又不去看医生，能不饿死吗？像他这样饿死的，村里不止一个，以前开豆腐坊的老永泰，也饿死了……"

我简直不敢相信自己的耳朵！可是，事实却让我揪心。我的故乡、我的祖国，天灾人祸下有多少同胞正在挨饿？作为一个曾经立志革命的中国青年，能不揪心吗？

母亲见到我问的第一句话是："全国粮票带来了吗？"她说去请人帮助办丧事，抬灵柩到山上去埋葬，人家都没别的要求，只要先让他们吃一顿饱饭，因为挨饿，年轻男人都没有力气，抬不动，就这么简单。于是我和弟弟连忙拿了全国粮票，去湖熟街上买来了一些米。

我走在送葬的路上，想到父亲的为人，想到他的一生，想起他写的一手好字，当年教我写毛笔字时的情景又历历在目，不禁感叹他生性懦弱，缺少男子汉应有的刚强……

可是，我马上发觉自己此时此刻如此评价父亲是不对的！作为一子单传的他，为乐耕堂后继有人，作出了无可替代的贡献，我们所有乐耕堂的子孙后代，都应该敬重他、怀念他！没有他，哪有我们？

我在挥锹填土安葬父亲时，流着泪在心里对父亲说：安息吧，我的父亲，你默默度过了自己平凡而短暂的一生，虽然没有做过什么惊天动地的大事，但也没有做过一点点坏事，我为有你这样平凡而干净的父亲自豪！我想到村上那些挨饿的人们，想到还有多少挣扎在死亡线上的人？我心情沉重，只能长吁短叹！

我的父亲，您安息吧！

身处逆境，举首远望，光明在前方？

摘　　帽

被戴帽甚为突然，被摘帽也有些突然，但感受根本不同。

进入公元1959年以后的中国，孤陋寡闻者我，感觉到“大跃进”的声势似乎有些减弱，而自然灾害带来的经济困难则渐渐地显露了出来。上海近郊农村以种蔬菜为主，人民公社化后粮食供应参照市区办法能保证定量供应，公社社员的口粮基本正常，只是粮食类商品凭票供应的范围越来越大，物资紧缺的情况人人都能感受到。

1959年元旦过后，迎接中华人民共和国诞生十周年的喜庆气氛开始渐浓，各行各业都在以实际行动迎接建国十周年大庆。我们这些戴帽正在农村劳动接受改造的人，学习劳动当然都要加紧努力，争取早日摘掉帽子，重新回到人民群众队伍中。

似乎有些“解铃还需系铃人”的意味，当年经办给我戴右派分子帽子并多次找我谈话的那位潘同志，也是为我办理摘帽手续的人。他亲自来到我劳动的“六北”生产队，了解情况听取各方面意见，并找我谈话，叫我写劳动学习和思想改造的情况汇报。他工作还是那样认真负责。我们本来就是相处得很好的同事，后来发生的情况，谁也没有料到。

此后不久，还是这位潘同志，代表组织前来宣布给我摘除右派分子帽子的决定，他说，希望李伦新同志今后如何、如何。

我没太注意听别的，只对同志二字特别敏感，我又有资格被称同志了！从此我又可以称别人同志了！呵，同志，这是多么可爱可亲的称呼啊，这岂止只是个称呼？这意味着我头上那无形却无比沉重的帽子摘掉了！我回到同志队伍中来了！

就像我不知曾经有多少人被戴上右派帽子一样，也不知道这次有多少人摘掉了帽子？我所在生产队就有被戴上右派分子帽子的机关干部和小学教师十来人，这次不知可有摘帽的？但愿他们中多有回到同志队伍中来的！

此后，我继续在生产队照常劳动。

就在这以后没几天，有人通知我去市区参加一个摘去了右派分子帽子的同志的座谈会。请原谅我在这里咬文嚼字一回，我听得仔细，是“摘去了右派分子帽子的同志”

去开的座谈会，而不是“摘帽右派”座谈会！这是含义完全不同的两个概念啊！哪想到此后还一直被当作“摘帽右派”呢？

当我走进会场，一眼就看到了叶某某同志，在1958年党内整风补课接着反右派时，他是中共邑庙区委工业部的部长，和我几乎同一时间被戴上了右派分子的帽子，这次也是第一批摘帽人员，我为他高兴，差点走过去向他问声好，我毕竟经历了这次坎坷，遇事冷静多了，克制自己，只向他点头致意，他也朝我点了点头，算是招呼。

我特别注意主持会议的同志在讲话中的口气和称呼，应该说是严肃中有些亲切和客气，称我们是经过努力摘掉了右派分子帽子、回到人民群众队伍中来的同志，而且表示了欢迎！

当然也对与会者提出了要继续努力学习、进一步改造思想的希望。

在隆重热烈地庆祝中华人民共和国成立十周年欢乐气氛中，我还接到通知去参加了浦东的庆祝大会和会后的大游行，当我走在浩浩荡荡的游行队伍中，和大家一起振臂高呼口号时，我何止是倍加欢欣鼓舞？更重要的是促使我思考了今后的人生，一定要正确吸取经验教训，从今往后一定戒骄戒躁，坚决克服缺点弱点，努力争取两年重新入党的第二步目标的实现！是的，这个目标肯定不是容易达到的，也不可能如期实现，说不定长时期不能实现，但我一定要朝着这个方向，坚定不移地努力争取！

我的家人受了我的连累，妻子一直在坚持上班，从没请过假，下班忙着抚育两个幼小的孩子，多么不容易啊！都是我造成的呀，我对不起他们啊！我回到家里，给他们带去了好消息：我不再是右派分子了，人家也不会再叫我的孩子“小右派”了！我们这个四口之家，从今往后，要过正常的日子了！往后的生活，一定会好起来的！

至亲好友为我高兴，向我祝贺，当然是谨慎而有分寸的，我感觉都很宝贵，我都看作是对自己的鞭策，由衷感谢！

乡　　亲

胜似亲人的农民们和我依依不舍。

下放农村劳动开始时，我被安排住在生产队刘队长家，她是位勤劳朴素的农民，丈夫是造船厂工人，夫妻俩都是本地人，上有婆婆人称阿奶，年过古稀还成天忙家务，有时还下田劳动挣工分。下有两女一男三个孩子，合家团聚生活其乐融融。如今我和另一位机关干部一起，吃住在她家，显然是她承担着一种政治任务。她在生活上对我们关心，劳动方面对我关照，政治上从不歧视，总是喊我李同志，她这样称呼我，社员们也都这样称呼我，让我心里很温暖。我对称呼似乎特别敏感，那些原本一直对我以同志相称的人，如今改口用一个"喂"字替代，听来特别不是滋味了！

生产队里的公社社员，没有对我另眼看待，后来知道我戴着那顶"帽子"，也没有歧视和冷漠。年过古稀的阿奶，知道我妻子在工厂做工还要带两个幼小的孩子，她常叫我多回家去看看。这位善良、慈祥的老人，使我总联想到自己的祖母，她给了我亲情般的温暖，给我留下了不可磨灭的印象。

我在大田班劳动，下田干活倒不多，主要是挑担子，最多的是挑粪，从上海市区粪码头运大粪来的船，停靠在白莲泾河的岸边，我们挑了一对空粪桶上船，装了一担粪挑到田间，倒进田边的粪坑里，来来去去的直到挑完为止，是最累的活。开始时我被压得肩痛腰酸，渐渐地肩膀肿后有了老茧，不那么痛了。从粪坑里挑粪为蔬菜施肥，和从沟里挑水抗旱，是我们大田班主要的农活，由此也叫运输班，集中了生产队强劳力，除两位相对年轻的女社员外，全部都是男性，加上我和老孙这种情况来劳动的男劳力，组成了第一生产队的大田班，也称运输班。

社员们对我们“不是下放干部的城里人”，开始有些陌生感，后来会用异样的目光看我们，渐渐地熟悉了，自然了，也就一起说说笑笑的打成一片了，他们有时还热心地教我“做生活”的窍门，见我们身体不适时，还照顾我们，像乡亲一样，相处得很好。

有一天，社员们听说，要贯彻“备战备荒为人民”方针，上海有些工厂要迁往内地。听说我的妻子所在工厂也要“内迁”，都来关心地问我情况。

我妻子第一时间赶到浦东乡下来和我商量怎么办？据

说家属也可以随同迁去，但由自己决定。社员们都劝我最好不要去。

妻子的态度很明确也很坚决："我只有跟厂一起去！"那么，两个幼小的孩子怎么办？跟她去或留在上海，都无法解决，看来只有全家四口都在一起，可是……

就在犹豫不决时，我所在单位有关人事干部找我，说是妻子所在工厂迁厂领导小组派人来联系，动员家属随同迁去……

如果妻子随厂迁去，我还在农村劳动，两个孩子怎么办？势必只有一起迁去相互有照顾！于是就这样决定全家随迁，连家具也都按厂里安排运去桂林了。

想不到就在这时，妻子慢性肾炎急性发作，出血，住院治疗！医生出于对病人负责，出具了病情证明。

怎么办呢？想找我的原工作单位领导汇报请示，在机关大门口徘徊，犹豫了很久，硬着头皮走进去，却未能见到想见的领导人……

妻子病情稳定了些，我在家中心神不宁、坐卧不安，商量来、商量去，既然迟早总是要去厂里的，"是不是我一个人先去？"

于是，我决定一个人先去厂里上班。

这个消息在生产队一传开，社员们都关切地问我相关情况，他们都快人快语地表示自己的看法，叫我最好不要去。

怎么办？到了真要和这里的乡亲告别时，我实在有些难分难舍。阿林婶婶和小根娣二人，好像是大家的代表，送了我一程又一程，边走边说真心话，一直送到南码头轮渡站，递给我一条新买的毛巾和一本日记簿，说让我带在身边，就会想到社员们……这时，阿林婶婶眼泪汪汪地说："老古话都讲，走尽天边，不如伲黄浦江边！"她又说："到了那里，实在不习惯就回来，哪里不是吃口饭？"

我接过这凝聚着真挚感情的礼物，再也忍不住地热泪盈眶！我没有说感谢之类的话，此时此刻此情此景，说什么都是多余的。

这本日记簿我一直带在身边，至今还珍藏着，乡亲们对我的一片真情，我要一直深藏心底。

后来，只要一有可能，我就会到当年的"六北生产队"，去看望我的父老乡亲……

离　　别

生离远比死别更令人难受，却又不得不承受。

1960年“五一”劳动节前，我们一家四口来到上海市中心的人民公园，为的是拍一张全家合影，以便带在身边，想念亲人了，随时可以拿出来看看。这是因为，再过两天，我就要与病中的妻子和两个年幼的孩子告别，独自一人先去千里之外的桂林。分居两地，天各一方，往后的日子怎么过？实在不敢想象。满腹心事的我，此刻却在强颜欢笑，为的是营造一点轻松愉快的气氛，尽量不影响孩子天真活泼的情绪。可是，不善掩饰的我，拍下来的照片上，还是不难看出满脸尴尬和茫然的神情。

拍过照片，难得一家人在一起团聚，就在公园里随便走走。女儿敏敏才6岁，本该是天真烂漫活泼可爱的孩子，却过早地因家庭的处境而心事重重，寡言少语，有时听着父母在为家里遭遇的困境而流泪，她也愁眉紧锁。此刻，

迁往桂林前夕，在上海人民公园合影留念。

我看到女儿脸上满布愁云，我心痛难忍，都是我害她受这不该由她承受的痛苦！

儿子玲玲毕竟还小，不理解家里已经和将要发生的事情，难得到公园来玩，显得特别开心，一蹦一跳的，睁大一对好奇的眼睛，对什么都感到新鲜有趣。儿子看到小河里有划船的，就嚷嚷着要去划船玩，我去售票处一打听，每小时二角钱租船费。因生活拮据，我舍不得花这笔钱是个原因，更重要的，却是我哪里还有陪儿子划船游玩的心情？好言好语哄他，他就是不听，吵着一定要划船，我耐心不够用了，再也忍不住地发了火，打了儿子一巴掌，打得儿子哇哇大哭，哭得我的心在流血……

这一幕，比刚才所拍的照片还清晰，时常映现在我的脑屏幕上，越来越难忘！

5 月 3 日，天色阴沉，下着小雨，地上湿漉漉的，我的心情更为阴沉，离家时禁不住泪光盈盈。时不我待。我不得不去火车站，随迁厂的专列去桂林。妻子坚持要带着儿女到火车站送行。

一进车站，女儿敏敏再也忍不住地哭着喊了起来：“我要爸爸！我要爸爸！”哭得伤心极了，怎么劝怎么哄也没用，越哭越剧烈！

我不得不让妻子带着孩子回家去，不要送了。想不到女儿敏敏听了这话，就“哇”地大哭起来。我去哄她说：

“爸爸会回来的。”她听了，反而不顾一切地边哭边跺脚，地上潮湿，她根本不管，索性躺到地上，大哭大喊，泪汪汪地哭着嚷着：“我要爸爸！我要爸爸！”

生离远比死别难受。她还是个孩子，这是真情的自然流露，衣服全都又湿又脏了，她根本也不顾……

我再也忍不住地泪如雨下！

儿子玲玲还小，睁大眼睛呆愣愣地在看，一会儿望望姐姐，一会儿望望拎着随身携带行李的我，显然还不懂得眼前发生的一切。我的心更痛如刀绞！无辜的孩子，爸爸对不起你们啊！我再也忍不住泪水……

妻子忍着泪水，不让自己哭出声来，拖儿带女，头也不回地走出了火车站。我望着他们渐渐离去的背影，直到消失在茫茫人流中，再也看不见了，才无奈地长叹一声，回身去上火车。

然而，女儿“我要爸爸！我要爸爸！”的哭喊声，还在耳边回响，这孩子的呼唤声，一直响在我的耳畔，盖过了一切响声，将伴随着我离开上海，远去他乡，远离亲人，去那从未去过的陌生地方。我将面临的是怎样的生活我倒无所谓了，但这母子三人往后的日子却让我牵肠挂肚。

月台上，人头攒动，都是来送行的，有的招手致意，有的泪流满面，有的呼喊着亲人，一再叮嘱着什么，全都依依不舍……只是没有为我送行的人了，他们母子仨还没回到家吧？敏敏还在哭吗？今夜他们会怎样过？往后的日子他们将如何度过？

车厢里都是迁往桂林的职工和家属，但没有一个是我认识的，我成了一个孤独的陌生人。我坐在靠窗口的位子上，想象着妻儿离开火车站回家的情景，女儿敏敏还在哭着喊着“我要爸爸”吗？我多么想对女儿说：“好孩子，别哭了，爸爸对不起你！也对不起你弟弟和你妈妈！”我多么想再看我的儿女和妻子一眼，说句心里话，可是，不可能了。

夜幕渐降，窗外一片漆黑，什么也看不见了；然而，女儿敏敏“我要爸爸！”的呼唤声却更清晰，一直回响在我的耳畔，撞击着我的心弦！

我一直听着车轮在铁轨上滚动的声响，想着我的人生之旅怎么会这样？命运果然是这样不可预测，也无法把握吗？越想越想不明白，百思不得其解……

青　　春

男人，难人？男人难免要面对种种难题……

到桂林后，我印象最深的第一件事，是厂里通知我去开的第一个会议，到会的都是陌生而年轻的人。主持人宣布会议开始后的开场白，却使我非常震惊。他说："我们今天开一个团员青年的会议……"

啊？我还是团员青年？哈哈，心笑，笑得有些苦涩，更为尴尬。

没错，我真的还是一个青年啊，才不到28岁嘛，作为曾经的青年团干部，团的工作对象是28周岁以内的所有青年。这家制药厂的青年团组织，显然是根据职工名册的出生年月，通知我来开青年会议的。他们没错。可是，他们哪里知道，我是一个已经有了太多不幸遭遇的青年，虽然头上没有了那顶"帽子"，却还背负着无形而沉重的政治包袱的青年人……

很自然地使我想起自己在青年团机关工作的情景，想起有次时任青年团中央书记的胡耀邦同志来到上海，在市卫生学校大礼堂，为我们团干部作报告，我有幸参会聆听，记忆深刻，终生难忘。他像谈家常一样，讲革命历史、革命道理，深入浅出，生动而深刻，风趣而幽默，一口气讲了几个小时，我们听得津津有味，解渴过瘾。他看看手表，啊哟一声说："肚子唱'空城计'了，该吃饭了！你们如果还要听，吃过饭我继续讲；不然的话，现在就散会！"

全场齐声欢呼：要听！继续！

于是，吃过饭，胡耀邦同志又为我们作了一个多小时报告，记得胡耀邦同志最后热情洋溢地向我们提出了殷切期望："希望大家的青春之花，绽放得更加美丽！"

可是，我的青春之花呢？绽放得怎么样？昙花一现？早已成了枯枝败叶？实在不敢细想、深思……

这是一家制药厂，从上海迁来的原唐拾义药厂，和桂林的一家化工厂合并后，定名为桂林制药厂。我被分配在片剂车间的颗粒小组，组长鲁炳敖是上海来的老师傅，他为人朴实忠厚，教我怎样按处方规定的配比下料、搅拌、制成湿颗粒、烘干等。我想无论如何都要好好干活，当一个好工人。

穿上白大褂，戴上白帽子和口罩，进入工作场所，不准吸烟……好在这岗位不但不累，而且很少要上夜班。这对我这个在农村劳动过的人，干活是不成问题的，我要求自己一定要当个好工人。

这些日子，工作之余，我就去桂林的各医院了解医疗情况，到附近的几个学校看看，连菜市场、米店煤店也都跑去看了，考虑的是妻子儿女到桂林来的问题。这真是个难题。

当时正是国家“三年困难”时期，桂林有关方面对上海迁来的职工给予了一些照顾，如粮食定量供应比当地职工每人增加几斤，凭票供应的糕点也多发几张票证……当然，上海迁来的职工和家属还是感到有些困难，这是可以理解的，因为有个适应新环境的过程。

我的问题是妻子的病情不稳定，虽然医院出了证明，厂里也派人去上海的医院了解，同意她暂时留在上海医治。可这总不是长远之计啊，往后怎么办呢？

有天上午，我刚到颗粒组上班，有个神情姿态不同寻常穿便服的陌生男子，在厂保卫科的人陪同下，来到我上班的小组，东张张西望望，对我不时投来异样的目光。我完全能读懂他的目光，特别是这个陌生男子和厂保卫科的人交流的目光，显然表达了“就是他”及连带的意思。他们临离开时又回头朝我审视了一眼，使我更加确定自己的判断，难免尴尬。

我当时就想到，这位不速之客肯定是专门为我而来的，显然是位上级人事保卫部门的干部，对我这个“摘帽右派”给予关心，来现场当面看看，他对工作的认真负责，我是理解的，往后的日子会怎样呢？毕竟不同于在上海了……

此后的第二天，厂里就通知我不要去片剂车间颗粒小组上班了，改为到原料车间去烧炉子，三班倒。这显然是因为我不适宜直接接触药品，也就是政治上不可靠之意。其时我正处在人生的尴尬中，原为本厂职工的妻子，生病不能来桂林，丈夫却鬼使神差的一个人先来了？因为是右派吧？工人们这样善意的疑问，我却只有苦涩地笑笑……

顾名思义，原料车间是生产药品原料的。据说迁厂前在上海古北路就有个原料车间，我的妻子曾经去那里上过班，据说都是有毒或有腐蚀性的物品。如今车间大多了，生产规模也随之扩大了，有时能闻到从那边吹来的刺鼻异味，能看到日夜三班的原料车间工人到食堂用餐时都穿着高筒套鞋……我意识到自己将面临着又一个新的考验。

我到原料车间报到后，烧过热炉三班倒，但又常常变动，机动干活，有时用泵抽液体原料如氨水，有时搬运固体原料如石蜡、活性炭等。我深知自己只有无条件服从的资格，总是无声地点点头，就去干活了。由于不熟练，在打开氨水桶时，被一股刺鼻的气味刺激得直打喷嚏，不断地咳嗽起来……我叮嘱自己再脏再臭也要坚持，再苦再累也要忍受，不能忘了自己的儿女还幼小啊！

原料车间的工人对我这个新来乍到者难免会投来审视的目光，也许他们对我的情况已经有所了解，但大都还是主动教我怎样操作，叮嘱我当心安全，注意防护有毒有害气体……

我精疲力竭地回到独居的宿舍，躺在床上，长长地叹了口气，竭力不让那不争气的泪水流出来，久久望着天花板出神，仿佛那上面有着帮我解答难题的内容。是的，我的处境实在太难了，不只是有妻子治病、儿女生活和教育之类的问题，还有我自己的政治历史问题及其对家属子女的影响！我陡然发现，自己还是太天真太幼稚了，以为摘了帽就是普通群众，到了桂林就可以合家团聚、相互帮助，过普通工人安居乐业的生活了，甚至还痴心地想到重新可以写作，圆自己的文学梦。

想不到，摘帽了还是“摘帽右派”！如果全家迁来桂林，和妻子儿女在一个厂里工作生活，这会使他们……啊，那太可怕了，都是我造成的啊！只要他们生活环境能好些，尤其是两个无辜的孩子，是我将他们带到这个世界来的，我不能再害他们了！一切都让我一人承担吧，谁叫你是丈夫、父亲？谁叫你是男人？

心事重重，彻夜未眠……

“爱情”

没有婚姻的爱情，胜过没有爱情的婚姻。

在原料车间上班，分早中夜三班，连上6天，每周轮一次，开始不习惯，人的生物钟一时无法适应，失眠更加严重了。我没有钟，也没有表，但又恐怕上班迟到，就特别当心，总是提前到厂门口的传达室去等，等到同班组的工友来到后，跟着一起进厂。原因不言自明。

我做到了从未迟到。对此我想过应该给自己一点表扬，有天领到中夜班费，本想花二角钱买点当地名酒——三花酒，自我奖励。可是，想到每月工资只42元，扣去自己买饭菜票的，全都寄上海，维持他们母子三人的最低生活，我还是放弃了品尝三花酒这一奢侈的念想。

到原料车间不久，听说在这有毒气体车间上班的工人，每天有一瓶牛奶的营养补助，如不喝牛奶，可以领钱。这是在片剂车间上班所没有的，我非常高兴。第一次领到这笔营养费，还有上中夜班每个班二毛钱的津贴费，可以多寄几块钱给家里，解决孩子欠缴学费的问题。自己苦点累点，值得！我想上回没有自我慰劳，这回可以自我慰劳一下了，就花二角钱，去拷来了半杯三花酒，自斟自酌，喝得醉意朦胧，不禁思前想后，忍不住泪流满面，饮泣吞声，还不能让别人听到，免得惹麻烦……

我一个人远在举目无亲的地方，起初难免感到孤寂。但当我在整理从上海带来的行李时，打开了一包心爱的书，先是一愣，马上就捧到怀里，像久别的亲人，紧紧搂着，喃喃自语，亲爱的，我的至亲至爱……

在我家里，没有什么像样的家具，最抢眼的那只柳桉木的写字桌，是收到的一笔稿费后，在济南路旧货市场买来的。令我自豪的是，我有《鲁迅全集》《高尔基文集》《契诃夫全集》等图书，在我的心灵深处，文学是我的至爱，文学就是我天作之合的“爱人”，我对文学情有独钟，视为终身伴侣，一辈子不离不弃！从发表习作短篇小说《闹钟回家》的时候起，我就把文学当作自己的“至亲至爱”了。在戴上那顶无形却无比沉重的帽子后，发表于《解放日报》的最后一篇文章我用了笔名“又新”，期盼着会有一个新的我，重圆文学梦！是的，我对文学的“情深意笃”，是任何时候任何情况下都不会改变的，可谓无怨无悔、不弃不离！

我在浦东农村劳动一年多，已争取摘了那顶无形而沉重的帽子，本想不久能再回到工厂企业去，做什么工作都行。想不到又遇到了妻子所在工厂要内迁，说这是贯彻备战备荒为人民的战略方针，当然应该拥护和执行。我在随厂内迁时，已将藏书进行了清理，实在是忍痛割爱，一部分书籍送到福州路的上海旧书店卖了！记得那些书装了满满一辆三轮车，送到旧书店时，一位上了年纪的男店员见我恋恋不舍的神情，安慰我说："不要舍不得，也不要难过，你喜欢的书到了我们店里，可以让更多喜欢读书的人有书看，你想它们了也可以随时来我们这里，帮你找到你喜欢的书……"

当然，我最喜欢的一部分书，怎么也舍不得，还是装箱运到桂林来了，如今陪伴着我这个单身汉，工余看书，成为我的生活享受。到桂林过单身汉生活，我打算将《红楼梦》等四大名著再重读一遍，但不写读书笔记，需要时只在字里行间用红笔划条线……尽管眼下不得不和纸笔暂时别离，不能再写文章了，但我还是迷恋着文学，离不开文学作品。

为此，在上中、夜班的日子，我有时会去图书馆——坐落在榕湖岸畔的"广西僮族自治区第一图书馆"。这里的建筑看来有些年份了，但藏书丰厚，且不失幽雅静寂的氛围。来这里，我能看到全国各省市和中央的报纸，当然有我想看却没钱订阅的《文汇报》、《解放日报》。

去图书馆的次数多了，同管理员渐渐熟了，特别是有位年老的女图书馆员，见面次数多了，她从微笑点头到主动同我招呼，说现在像我这样酷爱文学、常来读经典名作的人不多了，热情表示："你需要什么作品尽管提出，我们一定做好服务。"我们就这样相识，当然只是点头之交，后来也交谈几句读书方面的闲话，没想到后来通过她，还成交了一笔说来令人心疼的交易！

那是因为我接到家中来信，说的其实是一个钱的问题：妻子因病要住医院，孩子要托人家照应，都要用钱。叫我快想办法寄钱……我责无旁贷，想方设法，却毫无办法，向厂工会申请帮助的报告很快退回来了，因为我是"摘帽右派"。我陷入了焦虑不安、无法可想的困境中。忽然，我想到了书和图书馆，看来只有再次忍痛割爱了！于是我带着藏书的目录，直奔图书馆，找到那位熟识的管理员，说明急需钱用，愿将藏书转让。这位资深的老同志，带上老花眼镜，一看目录就问我："《鲁迅全集》《契诃夫全集》《高尔基全集》……这么多全集都是齐全的吗？"

我马上回答："都是齐全的，而且完好无损！"

她叫我稍等，显然是去请示领导了。

过了一会儿，她来对我说："有的全集，我们馆收藏的都不齐全了。"她指着目录上打了勾的地方又说："这些全集，我们按照原价收购，分文不少；其余的书，则要打些折扣，你看可好？”

我还有什么好说的？还能讨价还价吗？于是就成功了这笔令我心痛的交易！

善解人意的管理员开导我说：“不要舍不得，我给你办一个特别借书证，你可以随时来这里看你的这些书！”……

回到宿舍，我整理图书时的心情，不是难过二字所能表达的。我本想借用厂里板车送书去图书馆，但马上想到这样太对不起我心爱的书了，实在于心不忍，还是花钱雇了一辆三轮车，送书去图书馆，这样我心里好受些。路上，我不免想起在上海送书去福州路旧书店的情景，禁不住摇头叹息，两次割爱，不都是卖书？都怪自己闯了祸，害得无辜的藏书也遭此厄运，哎……。

我将“出让”心爱的藏书换来的一点钱，赶快到邮局去汇往上海。

这天，我一直失魂落魄似地坐立不安，宿舍里仿佛变得空荡荡的，显得更冷清了。我独自躺在床上，望着天花板久久地出神，终于忍不住用被子蒙住头哭了……

男儿有泪不轻弹。我马上对自己不满起来，揩干眼泪开始读书，读“幸存”的一本1956年版的《鲁迅全集》第一卷……

我要趁单身独居的有利条件，系统地重读鲁迅先生的作品和《红楼梦》等四大名著，再读一些世界名著！

一想到文学，我顿时有了精神，拿起了书，全神贯注地读起来，很快进入书中的情景……

读书真是医治心灵伤痛的良药啊。

后来，我竟然会有为失去心爱的书而窃喜的时候——“文化大革命”风暴刮来时，造反派来抄家，一无所获，失望而去，我能不窃喜？

肉　味

人的处境心情，影响人的味觉。

桂林和上海一样，购物大都实行凭票证供应，粮票布票油票香烟票……数不胜数。桂林市有关领导部门，为了照顾刚从上海迁来的职工，临时增加了一些如糕点票等。物资匮乏，商品供应紧张，据说是由于遭遇了连续三年自然灾害，开会讲的和报纸上登的，都是在号召人民群众，要齐心协力地克服这因三年自然灾害而造成的暂时困难。

我一个单身汉生活在桂林药厂，吃职工食堂，住厂集体宿舍，困难应该说比较容易克服，何况我物质生活方面本来就要求不高。当然，我也不是没有饱暖方面的问题，也想了些解决困难的办法呢，如看到人家都在房前屋后种蔬菜，我也挖了一小块地，种了点青菜，稍有收获，摘来几棵用水煮成青菜汤，滋味特别清爽。

在化学原料车间上三班制，我是烧炉子的，成天火燎火烤，嘴唇开裂又牙痛，当地工人师傅说，这是上火了，指导我摘来一种野菜，在开水里一滚，放点盐，连汤一起吃下，清凉爽口，果然有清火排毒之功效。

人说香烟是相思草，一支在手解烦恼，我这烟龄不短了的“老枪”，买不起香烟，就买烟叶加工成烟丝，用土办法自己卷成“喇叭烟”过过瘾！

特别值得一提的是，鲁师傅的家属回浙江余姚老家去了，我和他暂时住在一起，为了改善生活，我们买来了一只小母兔，关在用竹片自制的笼子里，捡些菜叶什么的喂养。原本是想养大了用来打牙祭增加营养的，连兔肉的味道都说到过了。想不到这活物却挺有灵性，每当我们下班回来，兔子一见就直蹿直跳，蹲在笼子门口表示欢迎，实在可爱。有时我夜班回来，还和它逗趣，聊天，说说闲话，它似乎有灵性还善解人意呢，嘿，真的让一个孤寂者有了一点生活情趣啦！此时，鲁师傅也是个临时的单身汉，难免孤寂，他和兔子也似乎有了感情，很喜欢这温顺的小家伙，于是我们一致决定：不但要好好养这个活宝贝，还要为她解决配偶问题，结束单身独居，不再这样过孤零零的生活，要让她传宗接代……

想不到意外发生了！一天下午，我们下班回来，像往常一样门一开就喊兔乖乖，却发现笼子的门开着，不见了兔乖乖的踪影！我和鲁师傅急得到处寻找，一直找到夜幕降临，失望而回，两人神情沮丧，长吁短叹，都说明天兔子也许还会回家来……

当时经常开会，我能参加的：一是生产班组的学习会，二是在食堂开的全厂职工大会。开大会我总是带着个小板凳坐在后面，但听得很认真。

有次全厂职工大会的内容是：厂里接到上级布置的重要任务，尽快生产出一种名为“小球藻”的食品，也可加工成片剂作药品，是为了针对浮肿病多发而必须尽快试制成功的生产任务，更是一项光荣的政治任务。

雷厉风行，说干就干，是当时盛行的风气。全厂马上就兵分两路，一拨人砌水泥池，以作培养小球藻之用；一拨人分头去收集尿液，当然本厂所有厕所都放了盛尿液的木桶，本人所见只限男厕所。我虽然没有直接投身于这项政治任务，但下班后或星期天义务劳动，我必须参加运砂子、搬水泥什么的。小球藻培养池很快建成，又很快生产出了小球藻片，供应浮肿病患者。

听说因此厂里受到了上级领导的表扬。

就在这时，我因大便不通而苦恼，去厂医务室求医，高医生说，近来厂里这样便秘的人很多，和吃了食堂里的“糠粑粑”有关。这“糠粑粑”是厂里将砻糠磨成粉，加少许米粉后做成的，吃了都说大便不通，通便的药一时供应不上……我有什么好说的呢？想不到人的“进出口”问题如此重要，一天、两天，很难受也只好忍受。有时实在忍不住只好用手去“抠”，弄得肛门出血了，大便还是不出来。后来，当地的一位女同志告诉我，用一种味极苦的野菜熬水喝，能解决问题。我照她讲的，去找一种绿叶开小白花的野菜，熬水喝了几次，才有了点效果，解大便后的轻松和快感，真是太好了。

在职工食堂用餐时听说，平时要尽可能吃点肥肉有利于大便通畅。可我没有这个条件，每月的饭菜票是按每人的定量统一发放，钱在工资里扣除，我只能严格按计划用菜饭票，难得吃一次一角五分钱的炒肉片，开荤打牙祭。有次在食堂买饭，炊事员阿桂姐板着面孔对我说：“你不要命啦？烧炉子一天要流多少汗？顿顿吃三分钱的青菜，你是不想活啦？”说得我无言以对，闷声不响地端了自己的钢盅镬子，到食堂角落处埋头吃饭。吃着吃着，我意外地发现钢盅镬子底处有油汪汪的肉片，还嗅到了好闻的肉香！这使我说不出是惊是喜，下意识地环顾四周，生怕被人看见，连忙埋头吃饭，却不敢吃肉，吃了几口饭，就端起钢盅镬子，向车间走去，边走边吃，不会让人看见。我吃得有滋有味，好吃极了，留下了终生难忘的印象。

迁厂时就听说上海来的职工中有位炊事员，大家都叫她“阿桂姐”，是原上海爱华药厂的老职工，中年丧偶，有一双子女，都还在上海读书，全靠她一人抚养。她在厂里口碑特别好，省吃俭用，待人和气，与人为善。我常常在食堂买饭菜时见到她，连招呼也没打过一次，想不到她会这样给我吃肉片！我想，这事决不能让任何人知道，否则还可能连累这位好心的炊事员！从此以后，我决不再到她那窗口去买饭菜。可是，有时候我排队买饭，快要排到窗口了才发现是她，不好返回重新排队，想不到她又给了我一盆炒肉片……

这炒肉片的滋味，特别令人咀嚼，我永远也不会忘记，至今还回味无穷啊！

两　难

夫妻分居两地，双双都处两难境地。

好不容易盼到了这一天，经批准后我可以回上海探亲了，将和亲人久别重逢了，心情说不出是喜忧参半，还是忧大于喜。因为妻子的病不见好，又住院了，孩子还小，没人照顾，难！一起迁来桂林吧，妻子现在有顾虑了，我也不能不考虑她的身体和孩子的教育等，实在是左右为难。

这次让我回上海，既算探亲，据说有政策规定，夫妻分居两地一年有一次探亲假，十天左右；又算是对我照顾，厂领导对迁厂时因病留沪工人的关心，强调说明这是为了让我回家去商量今后怎么办？是全家迁来桂林？还是怎么样？

回到上海，走进家门，见儿子玲玲怔怔地看着我，似乎面对的是个陌生的外乡人。女儿敏敏毕竟大些，过早地懂得了生活的苦辣酸甜，一声爸爸没喊出口就哭了起来。

妻子显得更瘦弱而又憔悴。我在火车上就想到了，见面难得，不管怎样都要高高兴兴的，特别是在孩子面前，他们都还处在无忧无虑、天真烂漫的年龄，尽量不让他们知道家里困难，但要为他们将来着想！

妻子住进曙光医院，我在家照看孩子，做饭洗衣忙家务，吃过午饭，就带了孩子去医院探望，让母子们见面。有天傍晚，我背着儿子、带着女儿从医院出来，像平日一样步行回家，当然是为了省车钱。当走在金陵东路上时，我弯进一家商店，将背着的儿子放下来歇一会。想不到意外发生了，女儿怎么不见了？急得我背起儿子回头去找，找来找去找不到！天色渐渐暗了，找了几个来回，还是不见女儿的踪影！儿子毕竟还小，在我背上睡着了。我急得满头大汗，忽然想到再这样找不是办法，我只好背着睡熟了的儿子，来到金陵东路近四川路的黄浦公安分局请求帮助，向值班民警说明情况，填了表格，决定先将儿子送回家去让他睡觉，我再出来寻找走散了的女儿……

走到人民路127号，我已精疲力竭，背着儿子一步一步上到三楼，实在是气喘吁吁举步艰难了，想不到一到三楼楼梯口，就意外地听到了女儿敏敏哇地一声哭了起来，只见坐在昏暗灯光下的宝贝女儿，喜出望外地站起身喊了声爸爸，我悬着的一颗心这才放了下来。想不到敏敏和我们走散后，能一个人在这夜幕笼罩下的城市里，找到自己的家！

让儿子睡下以后，我在给女儿洗脸洗脚时，夸她能自己回家，不然的话，那会急得爸爸连夜去寻找……

女儿睡觉后，我坐在窗前吸烟，一支又一支，烟雾笼罩中我看不清往后的日子该怎么过？反复考虑，我得出一个结论：只要他们母子三人能生活得好些，一切艰难困苦我情愿一人承担！坚决并坚持一直做到！

厂里的有关领导了解我们的实际情况后，曾经给予关心，让我在本厂驻沪办事处做搬运工，以便照顾家庭困难。尽管这是重体力活，可我不能怕苦嫌累，咬紧牙关也要干。

在上海做搬运工这段时间，我曾经去自己的原工作单位，想向领导谈谈自己的情况和困难，可是却被挡在了机关门口，门卫告知说，领导不在！没能如愿，我也没有了去求见领导的心情了。

分居两地的职工家庭，可谓家家都有一本难念的经。但像我这种情况的，好像还没见过第二例。有的职工对我家的情况感到不可理解：妻子原是本厂职工在上海生病，丈夫作为家属一个人怎么来桂林了？我真的无言以对，只好笑了笑，笑得很尴尬。

后来，有位副厂长亲自来到上海，了解了我们的实际情况后，提出要我妻子作因病退职处理，按工龄每年发给一个月工资，却不谈我的工作问题。别无选择，妻子经过艰难甚至痛苦的考虑，只好办理了因病退职的手续。

于是，我一个人在桂林制药厂继续下去，为了妻子儿女，必须尽一份不可推卸的责任，年复一年，遥遥无期……

我在床上辗转反侧无法入眠，禁不住想入非非，无声地呐喊道：人有七情六欲，应该尽可能予以满足，既为夫妻，就不应该使之长期分居两地，尽尝相思之苦，饱受“鱼挂到臭、猫叫到瘦”之罪！假如我当厂长，一定竭尽全力让所有夫妻都调到一起工作和生活，使他们朝夕相处、耳鬓厮磨……

“牵羊”

“顺手牵羊”不算偷，但比偷更令人难受。

上班劳动，我要求自己不迟到不早退，认真细心干活不能出事故，在既没钟也没表的情况下，我长年累月没有一次迟到，无论是上中班还是上夜班，我都提前来到厂门口传达室，但并不进入厂里去，等一起上班的师傅来了，才跟他一起走进车间，其苦心只有自己心知肚明。

为了病中的妻子和幼小的儿女，我必须一个人在桂林埋头劳动，不再出任何问题，按时将不能再少了的一点钱寄回家去，让他们维持最低生活，我想坚持到孩子长大能工作就好了。这是我的责任。几次考虑买个闹钟的想法，都因没钱未能实现，只好自己当心点。

天冷了，棉被不知怎么搞的有了个大窟窿，睡觉时，尽管我把衣服等所有能御寒的东西都盖在了身上，还是冷得受不了，通宵不眠，明天怎么上班？万一出了生产事故，对我来说就麻烦大了！怎么办？很简单，买条棉花胎呀，可是钱呢？我实在没有买一条棉花胎的钱呀！节衣缩食已经没有可能，抽烟早就改为买点烟叶自己卷“喇叭烟”了，伙食费再也省不出钱了，怎么办？

我独自一人在街上荡来荡去，见到卖棉花胎的日用杂品商店，就走进去看看，问问价钱，划一不二，计划经济，绝对统一，只是每条棉花胎的重量不同，有轻有重。可我囊中羞涩，即使拣到最薄最轻的一条棉花胎，我也买不起！

老天仿佛故意和我为难，越来越冷，钻在破棉被里冻得真是无法忍受。一天，我在一家商店意欲挑选最小最轻的棉花胎时，看到两个女营业员去围着炭火盆吃饭了，她俩边烤火边吃饭边说笑，完全忘记了有一个顾客在挑选放在柜台上的棉花胎，于是我陡生偷意，放下手里仅有的几张小钞票，拎起一条小棉花胎就走，急步走进了一条小巷，生怕营业员发现了从后面追来；万一追来了，我也想好了应付的办法，就说我回去拿了钱来补足价款……

幸好，没事。我拎着这条棉花胎，回到宿舍时心还怦怦跳得厉害，坐下来长长地舒了口气，心想我这算是什么呢？是小偷？不！我是在柜台上放了点钱的，虽说不够数，但我是会来补齐的！那么，要不要明天借了钱去补齐差价呢？我犹豫了，那会不会送上门去被当小偷抓住呢？心神不定，后悔莫及，不知如何是好。

这天夜里，很冷，我盖着这条薄薄的新棉花胎，暖和吗？暖和，但却浑身不舒服，心神不宁，难以成眠！

我这是怎么了？堕落成小偷了？还想找理由原谅自己，为自己开脱，什么被逼无奈？什么顺手牵羊？统统都是找借口为自己辩护！这与孔乙己窃书不能相提并论，我是偷了一条棉花胎的小偷，可耻！我在拷问自己的灵魂：谈不上纯净，经不起考验，犯了这样的错误，还找借口解脱，原谅自己。我心想一定要挽回这个错误！

是不是攒了钱，去补付这棉花胎的货款？我犹豫不决，生怕这样做自投罗网，反而惹出事来，传到厂里，某人偷棉花胎了，多难听，斯文扫地，多没面子，说不定还会惹出大麻烦，有关方面借此机会对我这个摘帽右派采取革命行动……啊，天啊，这无形而沉重的帽子，什么时候才能真正摘掉呀？

说到帽子，我就会有种潜意识的心理反应：厌恶、沉重、束缚、讨嫌……因而这些年来我从不戴帽子！无形的帽子戴怕了，有形的以及有利于保暖、遮阳的帽子，我也不喜欢戴了！

一天天在担惊受怕中度过，这只有天知、地知、我知，我的心在受煎熬，比受冷挨冻还难过！

这事总在困扰着我，心神难以安宁。有次我故意从那日杂商店门口经过，见那两个女营业员一切如常，看来没事，店里少了一条小棉花胎，可能谁也不知道，就这么过去了；可是在我的心灵深处，却留下了阴影，难以抹去的阴影！

1979 年 4 月，我将要离开桂林回上海时，特地到这家日杂商店门前走过来又走过去，心想是不是去补上那少付的棉花胎款，以便能抹去自己心灵上的一点阴影？但却想到这反而会惹出麻烦来，结果没有去补付，因而心上的这阴影依旧还在，不知岁月的流逝，能不能帮我将它抹去？

时来运转，当我回上海工作后，有了响应号召向灾区捐赠的机会和可能，潜意识中想到了那条“顺手牵羊”的棉花胎，我就捐赠了两条新买的棉花胎。

我一直清晰地记着这条棉花胎的事，直到我重返上海工作后以上海市南市区党政代表团团长身份带团来到桂林，受到高规格接待，应我建议到桂林制药厂去看望了工人师傅们，和同宿舍的曾松生握手时特别激动……曾在桂林市委市政府领导陪同下游览市区，下塌在榕湖饭店，离那家日杂商店不远，我还想到了这件亏心事……

书　　缘

笔瘾远比烟瘾难熬，戒了极易重新上瘾。

化学原料车间生产都是连续进行的，工人也就要分早中夜三班轮流，大夜班是通宵干活，我上班是不让自己打瞌睡的，生怕发生安全事故惹麻烦，下了班人就特别累，赶紧去宿舍睡觉。但最后一个夜班下班后，我反倒睡不着了，反正今晚不用上夜班了，就索性看书，或上街走走散散心。

街上最吸引我的是书店，特别是阳桥堍的那家旧书店，是我经常驻足的地方。这天我正在旧书店随便翻翻看看时，忽然有人叫我“李师傅”，扭头一看，见是同车间的一个也姓李的青工，他手里拿了一本旧书走过来对我说：“这本书里有两篇文章是你写的吧？呶，作者李伦新三个字，和你的姓名一模一样！”

我接过书来一看，原来是《青年的共产主义道德在成长》修订本，书中收有我写的《忘我救人的王永祥》和《一个优秀的户籍警》两篇文章，是上海出版的。此一时，彼一时啊，面对这本曾经给我带来欢欣和自豪的旧书，如今却使我倍感苦涩和尴尬。我只能搪塞地说："同名同姓的人多呐，走吧，我要到十字街去买点东西了。"说着，我就离开了旧书店，其实是想离开麻烦。

想不到第二天上班，青工小李把在旧书店买来的这本《青年的共产主义道德在成长》带到车间里来了，还拿给大家看，并说里面的那两篇文章一定是我写的，弄得全车间沸沸扬扬，议论纷纷，我不免有些难堪，但还是尽量回避了。

更想不到的是，此后不久的一天上午，《桂林日报》的一位女记者来到车间，青工小李拿出这本旧书给她看，并对她说："我们车间有个人写过文章、出过书，你可以让他当通讯员，叫他写文章！"

这位年近半百的女记者，毕竟成熟而且老练，她没有当即作任何表示，而是翻阅了一下这本皱巴巴的旧书，记下了姓名什么的，没作什么表示，就走了。

谢天谢地，我想这事就这么过去了。

可是，过了一段时间，这位女记者又来到我们车间，在车间办公室和车间主任说了会儿话，就让主任把我叫去，同我个别交谈。她开门见山地说："你的情况我们都了解了。经报社党委研究，并征得了你们厂党委的同意，正式聘请你为《桂林日报》通讯员。欢迎你给我们多多赐稿！”

这态度，这口气，于我显然是久违了！

这倒使我有些不敢相信自己的耳朵了！但我毕竟是已经过了容易激动的年龄的人，首先礼节性地表示了感谢，强调谢谢组织对我的信任，谢谢记者同志对我的关心，我把同志二字强调，把已到嘴边了的“谢谢你对我的偏爱，但愿不会是错爱！”这几个字，咽了回去。是哟，同人家初次面谈，何况还是个女同志，怎么可以这样呢？

她倒显得落落大方，自我介绍说：“我叫来因，来去的来，因为的因。我老家在浙江省的嘉兴，姓来的，大都在嘉兴一带。我丈夫在桂林军分区工作，我算是随军家属，在《桂林日报》社当记者。是你的一本书，使我们相识，也可以说是书缘吧？我和我爱人都欢迎你到我家来玩！”

她的直率，她的坦诚，给我留下最初的印象很好。毕竟是资深记者，她出言吐语，遣词造句，严丝合缝，最后一句可谓关键词，使我这个还不无顾虑和戒心的人，深受感动！当我从她手里接过厚厚一摞《桂林日报》的稿笺和一句诚挚的话：“欢迎多多来稿！”我有了一种久违的感情体验：真挚、亲切、诚实！于是也禁不住脱口而出：“谢谢你的信任！”

但我还是只好辜负她的信任！

没有写稿，并决定从今往后不再写稿！祸从口出、祸从笔出的后果太严重了，无论如何不能再犯这个错误了！

何止是心有余悸？写稿给我带来的后果，岂能忘记？尽管我从小喜欢看书，一直怀有作家梦，并为圆梦做过种种努力；可是，1958 年初那突如其来的一场临头大祸，教训太深刻了，给家庭给子女造成的祸害，太深远了！我要求自己：坚决不被任何诱惑所动，再也不写一个字了！

我在心里说：谢谢来因同志，您对我的信任和器重，难能可贵！但我情况特殊，难以接受，千万请来因同志给予我理解和谅解！

我这个酷爱写作的人，咬紧牙关不再写稿！

送　　炭

一家人就应既能同甘，更能共苦。

我的月工资 42 元人民币，扣除了饭菜票款，拿到的不足 40 元，我总是马上去邮局汇款，最多也只能寄去 35 元，妻子儿女一个月的生活费呀，可见是怎样的艰苦？我总是尽量多寄点，哪怕多寄 1 元钱，心里也好受些。

女儿进小学读书了，这当然是高兴的事，可是学费成了问题，老师催缴学费，女儿回家，一讲老师又催缴学费了，就忍不住哭……

每次家里来信，我都会有如获至宝的感受，总是连忙拆阅，要连看几遍，想从中获得远在千里之外的亲人的信息，有时晚上睡了还会想起再拿出来看看。这次信上讲到妻子的病情，医生说要住院检查治疗，费用成了大问题，不知如何是好？

面对这个难题，我深感负有不可推卸的责任，只是苦于拿不出更多的钱，急得一筹莫展，硬着头皮去找厂工会主席老高，汇报了妻子的病情和医生的意见，她要住院治疗，我家经济方面有困难。

这位高主席难得的通情达理，他当即表示，尽快研究答复。

快是快的，第二天就答复我说：经集体研究认为，你申请困难补助，不予考虑！

这话使我深感意外，失望地转身离去时，想不到高主席轻声叫我：“你等等！”他随即关上了门，轻声对我说：“这15块钱，你寄回家去给你爱人治病，你别急，我们再想办法。”

意外。我愣怔。一时不知如何是好。

“这是我个人的，你用了，就算了，我不要你还的，只是请你注意，这点小事你知、我知就行了，不要让第三个人知道，免得麻烦！”高主席郑重其事地压低声音对我说。

我深受感动，接过这沉甸甸钞票，竟不知说什么好。这15元人民币，在当时的工薪阶层，应该说是一笔可观的钱！特别是作为厂工会主席，对我当时的身份和处境情况，能如此主动伸出热情的援助之手，雪中送炭，无私地帮助我，且不要归还，当然更不图回报，难能可贵！

我接过这几张普通的纸币，却感到沉甸甸的，激动得连连感谢，并说一定尽快归还，高主席却意在言外地说：不！只当没这回事，千万不要向任何人提起这区区小事！

我将这笔蕴涵着不同寻常情意的15元钱，立即寄回家去，什么也没说。因为，我不能不尊重高主席的再三叮嘱。

这笔钱的分量，是不能以数字计算的。

茶　话

食色，性也，男人与女人感受相同。

休假日，是单身汉们难以排遣的日子，有的蒙头大睡，却又难免想家，因而想入非非；有的去钓鱼，因钓翁之意不在鱼，兴致索然空手而回；有的以看书打发时间，可是没翻几页就已昏昏欲睡……也有的想以打麻将之类消磨时间，由于当时禁赌甚严，谁也不愿沾染这赌博的不良习气，于是，休假日单身汉们就有了“度日如年”的感叹！

这几位单身男子，今天可谓“同类项合并”了，而且年龄都在三四十岁之间，女人的一切对他们来说早就不再神秘，老婆孩子都有了，但却都不陪伴在身边，性欲不能得到正常满足，却又不敢色胆包天地去和别的女人相好！此刻，“物以类聚”似地聚在了一起，来到这山脚下的小小茶室里，品茗闲聊，无拘无束地无话不谈，自然就谈到了女人，谈得口若悬河，谈得眉飞色舞，少不了所谓“荤话”、

“脏话”。

话匣子是从一个传闻谈起的，有个已婚且已有了子女的独居男子，身强力壮，激情洋溢，突然被公安局抓走了，据说是因为他强行和一个未婚女工发生了性行为，按强奸罪，判劳改 5 年 6 个月……

话匣子一打开，你一言我一语的议论起来，讲的都是同类的故事，一个比一个离奇。有的说，一对夫妻原本在一起生活得如鱼水般和谐，不料想老家的丈母娘生了病，妻子带着 5 岁的儿子去探望，才离开没两个月，丈夫熬不住了，将理发店的一个小女子，带到宿舍里，色胆包天，强行发生性关系。女子呼叫，他就用毛巾去塞住她的嘴，急吼吼地干那事，不料把那女子给闷死了！他慌手慌脚，竟然趁夜深人静，把死者扛了，塞进了阴沟洞，连夜逃之夭夭!

俗话说，欲要人不知，除非己莫为。很快破了案，那男人罪有应得……

事例一个接一个，讲起来都不失具体生动，连平时木讷寡言的，也争先恐后：说是女性也一样有欲火难耐的时候，有个新婚不久的小娘子，丈夫外出才一个多月，单身独处的她就熬不住了，找个借口把他的意中人，请来家中吃饭，少不了借酒助兴，从说说笑笑到动手动脚，欲火中烧，很快上床配合默契……无巧不成书，正在这时，丈夫开门走了进来……

反正讲讲“白相相”，没有人对所讲事例的真实性提出疑问，信不信由你，都是闲话讲过就像风吹走，玩笑而已。在座的有位熟读圣贤之书、被尊称为“先生”的男人，一直严肃地侧耳听着，而后感慨地说：古人云，食色，人之性也，实为至理名言，只是如今有的人，似乎成了伪君子，表面上一本正经，背地里却男盗女娼……

喝茶闲聊时，所讲的这些诨话，随风吹去了。回到厂里，谁也不会再提起这些，免得被当作脏话，受到批评。

可是，我回到宿舍，独自枯坐，抽烟，思绪绵延，鬼使神差似的，拿起笔来在一张旧报纸上写了起来：

做人难，人难做，难做人。
男人者，难人也，难上难。
老婆不同床，光棍独守空房， 难！
有泪不轻弹，用以滋润心田， 难！
跌倒不躺倒，站起来继续跑， 难！
用双脚跨越人生路上的坎坷， 好难！
始终做到严于律己独善其身， 更难！

难、难、难，男人就是这样在“跨栏（难）”比赛中，享受人生五味：苦辣酸甜咸……

好久不动笔了，动笔也不是写文章、记日记。今天怎么会一时心血来潮，写下这样为单身男人大发感慨的文字？显然是与下午和单身男人们一起喝茶闲聊有关，也可算是有感而发吧？

我马上意识到了什么，我的笔如今写些这样无聊的文字，可叹！于是，连忙将这写了几句胡言乱语的旧报纸撕得粉碎，没有乱扔，而是当即点火烧掉了……

探　　亲

骨肉之情，越是久别越亲近密切。

我和妻子儿女远隔千里，长年分居两地，只能在梦里相见，醒来更加难熬思念之苦，何况我正处于年轻气盛时期，儿女幼小需要父母呵护，怎能不令人朝思暮想？

隐隐听到说，上面有政策规定：工厂企业中，夫妻长年分居两地的在职职工，每年可以享受一次探亲假，不扣工资，来回路费全额报销。我和厂里的单身汉们，为此真的快乐了起来，奔走相告，眉开眼笑，有的还禁不住说起玩笑话："当心，一到家不要急吼吼地就跟老婆干那事……"

每年能有一次像牛郎织女似的鹊桥相会，虽然除去路程在家里待的时间不多，只有十来夜夫妻能同床共枕，但对单身汉们来说，还是快乐得心花怒放、心满意足，我尤为心存感激。

可是，我申请探亲假的报告交上去后，却迟迟不见批准，难道这也和我 1958 年的“右派”问题有关？难道因此而剥夺我享受探亲假的权利？不会吧？也许是……我叮嘱自己再耐心等待两天。

但又过了一星期，还是没有批下来，我的耐心不够用了，就鼓足勇气去找有关车间领导询问，想不到遭遇的是冷面孔，还加一句冷冷的话：“急什么急？你的申请，还没有研究呢。”

我实在按捺不住心头的火气，大声责问道：“申请报告交给你这么多天了，为什么还没有研究？”想不到这位领导见我这样理直气壮，反倒口气变软了些，说了句“我忙，明天一定给你答复。”说着就匆匆离去了。

我目送着他渐渐离去的背影，长叹了一声，笑笑，笑得苦涩，连连摇头。

终于批准了我的探亲假，马上买火车票，兴冲冲地回到上海，走进家门，油然而生久别重逢之乐，也难免有些生疏之感。

妻子更加消瘦了，但病情还算稳定，当我知道她为了维持最低生活，不得不为邻居家带小囡、天不亮就起床帮邻居家倒马桶……作为丈夫和父亲，我怎能不惭愧和内疚？孩子毕竟年幼，见爸爸回来了还是很开心的，吃着我带回来的柚子时不再拘谨，显露了孩子的天真和童趣，我凝神注视一对可爱的儿女时，深为自己不能尽责而内疚，痛彻心扉而难以言表……

我带到人间世界来的两个孩子，本该享受无忧无虑的童年生活，却由于我这一跤跌得不能自拔，害得妻子儿女受了难以想象的困苦，我何止惭愧和内疚？在家这短短的几天，我要尽可能尽一个丈夫和父亲的责任，如陪妻子去医院看病，和孩子一起去趟公园……

我将两个孩子和胞兄家的四个孩子带到外滩去玩，让他们排成队，学解放军；要他们有志气……

然而，故乡有我的祖母和母亲，还有原本在上海工作的弟弟，他回乡后过得怎样？思念之情难以排遣，很想回乡去看看他们，可是因为时间不够用，只好放弃了这个念头。

盼星星盼月亮，好不容易盼来了又一次探亲假。这回我一定要回故乡去一趟，并且带我的儿子玲玲去，让他从小就培养故乡观念和亲人感情，这是为人处世最基本的素养，我有这个责任啊！可是，带玲玲去要不要为他买火车票？这对经济拮据的我成了问题，于是我带他去售票处量了身高，稍微超过了一点点，我为难了：要不要改变主意不带他去？因为实在挤不出这笔钱！我反复考虑，煞费苦心地想出了一个馊主意：让儿子改穿平底布鞋，进火车站检票口时不要挺胸昂头，万一被拦下量身高，看情况再说……

还好，玲玲顺利进了火车站，但在火车上还有列车员要查票，好在是夜车，我又教儿子睡在椅子上，把腿弯曲起来，再给他盖件衣服，只当睡着了，由我来应付……

总算一切顺利，没要补票。

我听着火车车轮在铁轨上滚动的有节奏的声音，不禁浮想联翩，想到第一次乘火车来上海，想到此后的一切，如今的处境……我为自己的这次小成功，非但没有丝毫愉快，反而感到无比苦涩和悲哀，自己怎么变得这样了？

回到前三岗村，见到我的母亲，她苍老得使我几乎认不出来了！祖母则躺在床上，被病痛折磨得痛不欲生……

我泪如泉涌……

四弟回乡后变得木讷而迟钝了，这和他的年龄是多么不相称啊！对了，他早已过了结婚生子的年龄，见到他的妻子和儿子，我一定要和他上街去拍张照片，带在身边……

责任二字一直在我的脑际萦绕，我应有的责任都未能尽到，怎不愧疚？

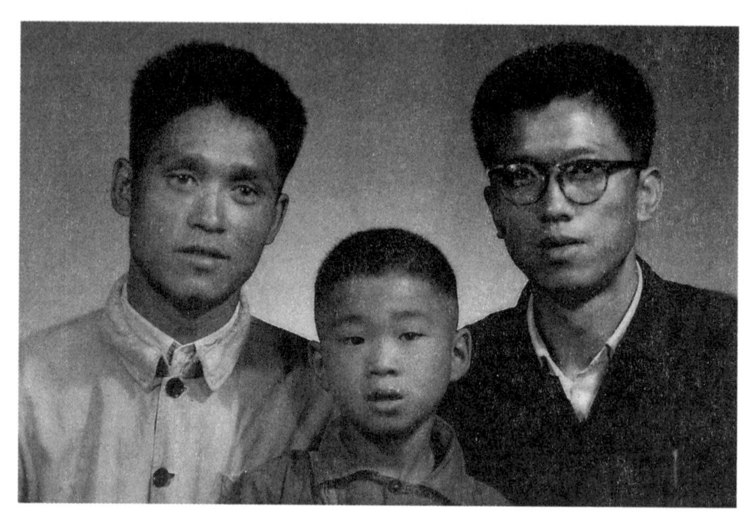

胞弟伦正因我“出事”回乡务农，我去探望时同他及其儿子合影。

知　　遇

人的本性，其实是渴望被欣赏被器重的。

探亲后回到厂里不久，记者来因同志又来了，她一次次来到厂里找我，诚挚地表示希望我重新拿起笔来写稿！尽管我总是无可奈何地对她虚以应付，浪费了她的时间和精力，但她还是继续热情来和我交谈，并特别表示她对我的了解和理解，说她有足够耐心，要等到我重新握笔后写的第一篇稿子！

但我还是迟迟没有动笔，心情有时很矛盾，盛情难却是人之常情，可一想到会惹祸遭殃，就又犹豫了。

好像是 1962 年夏天的一个阳光明媚的午后，记者来因又来到车间找我，没说写稿的事，只说希望我星期天到她家去玩。我不置可否地表示谢谢。她给我留下地址，就骑上自行车风风火火地走了。我望着她骑车离去的背影，惭愧地想到：自己辜负了人家的期望，这样是不是太固执了？

太不近人情了？能否写点正面的、保险系数大的小文章，以示对她的回报呢？

于是，当天下班后，我在宿舍里，用桂林日报社的稿笺，写了一篇千把字的稿子，内容和标题都记不清了。寄出后没过几天，就见报了，我的名字又用铅字印在了报纸上，捧读时百感交集，浮想联翩……

报社很快寄来了一笔稿费。我这个处在困境中的人，对钱有了与此前不一样的情感。要是我有钱，还会昧着良心去偷那条棉花胎吗？还会自欺欺人地美其名曰“顺手牵羊”吗？是不得已而为之，有了钱我一定会去补上……哎，我何不写点保险系数极对高的稿子，换点钱来应对目前的困境呢？不为名只为利，为的是让妻子治病、儿女读书，我何不去挣点不无小补的小钱呢？

就在这时，我应记者来因的邀请，按址来到中国人民解放军桂林军分区的营房，记者来因到门口对值勤的战士说：“这是首长的客人。”并让我在来客登记簿上签了名。

我俨然贵客的姿态，走进了首长的家里，受到军人庄重而又亲切的接待！此情此景，与我现在的处境，反差实在太大了，这让我感到有些不自然。不过，主人的真诚和坦然，特别是这位身材魁梧的部队首长，在和我紧紧握手时说的话：“你的情况，来因都告诉我了，我们都了解了。你还这么年轻，你在革命道路上不小心，跌了一跤，爬起来勇敢地继续前进呀，你才三十几岁嘛？来日方长啊！”

我顿时眼眶湿润了，但我不让自己的眼泪流出来！坎坷经历，显然使我不像以前那么容易感情冲动了，也可以说年轻气盛时的热情，变冷变硬了。

部队首长高瞻远瞩，讲了国内形势和任务，讲到我们应该识大体顾大局，他说：国家正处在连续三年自然灾害带来的困难时期，党号召我们同心同德团结一致、调动一切积极因素战胜暂时困难，你可要正确对待跌跤的教训，把自己的积极性发挥出来啊！

我暗自思忖：他这是在把我当同志对待了呀！久违了的同志之情！

来因同志和她的丈夫配合默契地对我开导，语不重却心更长！

我毕竟是在中国共产党的教育培养下成长的，这番话使我茅塞顿开，这位素不相识的部队首长的话让我深受感动，深感敬佩！

此后，我又开始了业余写作，写真人真事的通讯报道，写有感而发的随笔短文，后来还以笔名余兴、骥夫等笔名发表散文小说，因此和《桂林日报》的文艺副刊《花桥》编辑，有了联系，应邀去参加文学作者会议，与副刊编辑来往多了，成了文友……

就在这时，我从《人民日报》副刊上，读到了陆文夫同志的短篇小说《葛师傅》，心灵受到极大震撼。想当年，我作为上海市青年文学创作小组小说一组副组长，参加市作协召开的陆文夫的小说《小巷深处》研讨会，1957 年这部小说被批判，陆文夫被划为右派分子，此后再也没有他的信息。

看来，《人民日报》发表陆文夫的小说，其实是一个信号，意味着我们这样的人有了发表作品的可能了？想到 1958 年初我在被戴上“帽子”后，痛定思痛时以“又新”笔名发表在《解放日报》副刊的文章，如今真的可以“又新”了吧？

心动手痒，我写了几篇文章，分别寄北京《中国青年报》、《广西日报》、《羊城晚报》、《鸳江日报》，都先后发表了。手捧发表自己作品的报纸，何止心花怒放？可见本人骨子里是酷好文学创作的！不能写作是何等说不出的痛苦！

我想到过：是不是给上海的《解放日报》、《新民晚报》写稿子寄去？考虑再三，终因勇气不够而作罢了，心想等回上海探亲时，去报社走走、看看，不知认识的编辑同志还在报社吗？看情况再考虑投稿的事吧！

特别值得一提的是，我写的小说《父与子》，在《南宁晚报》副刊发表了。散文《龙船坪漫步》、《报春的汽笛》等在《桂林日报》《花桥》副刊发表后，在厂里有一定反响，尤其是采访本厂一位老工人的经历后，写的报告文学《九年孤女泪》，发表在《桂林日报》副刊，登了一整版，并配了插图，影响不小，在本厂反响更大。这使我感到又开始充实而有意义的生活、前途似乎又有了希望，浑身又有使不完的劲了，工作之余读书学习写稿，拿到稿费就往家里寄，也寄了点给家乡的弟弟，心里还打起了小算盘：慢慢积攒起一笔钱，让我的妻儿到桂林来一次……

补　　读

求知欲人皆有之　强弱却因人而异。

在重新握笔开始写稿以后，我深感自己文字功底差，文学修养不足，遣词造句受局限，急需读书补课提高水平。于是我工余时间如饥似渴地读书学习，本着“不动笔墨不读书”的习惯，边读边在书上划划写写，但不像以前写读书笔记了。

桂林的独秀峰是世界闻名的风景，独秀峰下的广西师范学院是闻名世界的高等学府。我有时独自来到独秀峰上，登高望远，浮想联翩，想到我在本该进学校当学生读书的年龄却进商店当了学徒，学生与学徒是有天壤之别的呀！我想如果有下辈子的话，但愿能像人家那样进学校读书，努力读出好成绩进高等学府当大学生，那我肯定会发奋读书，学出好成绩！

在一连上了 6 个通宵班以后，我睡了一会儿觉，起床后稍事洗漱就鬼使神差来到独秀峰下，在广西师范学院里转悠，走着走着，忽然眼前一亮，我看到一张招生通告，近前细读，原来是中文系举办业余文学进修班，为期一年，即日起，凭单位介绍信报名，额满为止。

仿佛向静止的池塘里扔进了一块石头，顿时激起了千层浪，我的心里波涛汹涌，我要读书！一有可能就要争取，读职工业余学校时，我如饥似渴。进了机关，进干部业余文化补习学校，我从不缺课。我深知人有七情六欲，求知欲，是人性中的应有之欲；求知欲，只有强弱之分，没有无之别！虽受处境的直接影响，但我更要主观努力，去积极争取！于是，我决定马上回厂里去开介绍信，报名！

请厂里开介绍信颇费周折，不必详叙细赘。自费就自费，经济再怎么困难，我也要更加省吃俭用，去自费读书！总之一句话，机不可失！

我如愿以偿地进广西师院的中文专修班读书了！

这天下午，风和日丽，我理了发，并尽可能换上了一身比较整洁的衣服，带着一个不算太旧的手提包，比平日精神焕发了些，且有几分神圣感地去参加开学典礼！

学员都是成年人，有男也有女。老师都是师院中文系的教授，有的还是国内外知名的学者，此情此景，对我来说，还有比这更幸福的吗？

不是自夸，我上学是认真的，用心的，从不迟到早退，遇到上班缺课，我一定补课；老师布置的作业，一定认真完成，按时交去。记得有次老师布置每位同学写一篇小小说习作，5 000 字左右，题材、体裁不限。

我按老师布置的作业，完成了一篇自选题作文。

这天晚上，我们中文专修班照例上课了。

我们尊敬的女教师，站到大家面前。同学们全体起立向老师致礼后，老师热情洋溢地说："今天，我和大家一起评述同学们交来的作文，我先说说阅读同学们所写文章后的感受，再互相交流。"她顿了顿，接着动情地说："昨天晚上，我在读一位同学所写的作文时，被感动得禁不住流下了热泪！是由于故事生动，更因为人物命运催人泪下！我想现在就请这位同学自己上来，朗读他的作文。他是李伦新同学，来吧！"

没想到，实在没有想到，会有这样的事情。

我慢慢地走到同学们面前。朗读得并不成功，现场效果也不怎么样，但却得到了掌声鼓励，给我留下了难以磨灭的记忆。

为期一年的业余读书，听了多位教授的讲课，细读了一些文学名篇，最后还得到了一张毕业证书。这可是我有生以来得到的第一张文凭，而且是高等学府发的毕业证书，我倍加珍爱。

物以稀为贵。我将这张毕业证书宝贝似地珍藏着，在那抄家成风的非常时期，我不无几分狡猾地预料到，抄我的家在所难免，就预先将这张文凭设法采取了安全措施，保存了下来。

这张毕业证书，证明了人的求知欲可以化作克服困难的无穷力量，证明了我曾经作为一次比较精彩的“欲望的舞蹈”所作表演，获得过掌声鼓励！

补读，对我来说似乎是伴随一生的。当我真的都“又新”了以后，回上海工作后有了自己的书房，有记者采访我后写的文章，标题就用了“花间补读未观书”……

煤　　矿

做个会做工的活机器，也要是高效的。

我在厂里，要求自己只顾埋头劳动，不声不响；坚守在自己的生产岗位上，不离岗、不随便走动，就像一台能干活的活机器，任何人叫我去干任何脏活累活，我都一声不吭地去做，并尽力做好。应该说我这活工具是高效的。谁叫我是摘帽右派？谁叫你负有养家糊口的责任？不求别的，但愿平安无事！

这天，车间主任来对我说：厂里锅炉要“吃不饱”了，煤场上堆的煤已经不多，再弄不到煤，就会锅炉停火、全厂停产。供销科的人说，柳州的煤矿有煤，但要厂里派人去运出来，所以厂领导决定派一些人去装运，你是一个。

派你没商量。我只有点头的份，马上准备行李铺盖去煤矿运煤，但我暗自决定，这事不告诉上海家里，免得家人增加烦恼。

同类项合并。集中出发时，我看到同去的十几个人中，除去面熟陌生的以外，认识的人有从上海同去的另外两个摘帽右派和后来的“牛棚”棚友！

在厂工会姓李的负责人带领下，我们一行，身背、手提着行李铺盖，登上了开往柳州的火车。

火车上，只有车轮和铁轨碰撞单调、重复的枯燥声。

下车出站后，没有进柳州城，而是由一辆卡车将我们运送到大山深处，大家下了车，就在山坡处搭起简易帐篷，安顿下来。看来这是在煤矿区，能看到附近有堆煤场，不时能听到火车的汽笛声，山边有火车轨道，却没有列车通过。

搭好帐篷放好行李后，带队的李同志召集大家开会，一开头就反复严肃纪律，个人不得随便行动。布置的工作，要我们把矿山的左边堆放的煤用翻斗车搬运到火车可以开到的地方，装车运走。我们的任务就是用煤斗车搬运，全靠手推，上下坡要特别注意安全！

两人一组推一辆斗车，空车时下坡还省力，只是恐怕滑坡太快连人带车翻倒，而装好煤的载重斗车要用人力推上坡，很沉，很难，且极易滑坡溜下去伤人！第一趟推装满煤的翻斗车时，我们使尽了力气，好不容易才完成了任务，累得汗流浃背、气喘吁吁。

休息了，躺下来只觉得浑身酸痛，但没有人叹息，只能咬牙坚持。

“两座山头上喊话听得见，要想见面得走一天。”歇工时，我在附近走走，偶然遇到一位挖野菜的山民，就主动与之搭讪，他浓重的乡音我只能听懂个大意，原来他还能挖到草药，这顿时使我兴趣大增：能不能挖到一种治疗我妻子毛病的草药呢？他说，有种能治腰子病的草药，但很少，很难找到。我坦诚地告诉了他实情，恳切地请他帮助指点。

功夫不负有心人。我在这位山民的指点下，挖到了一些名叫“山石蒜”的草药，宝贝似地藏在卧铺底下，阴凉，打算回桂林后到邮局去寄往上海。据这位朴实可爱的老农说，将草药洗净后，捣成泥状，敷在脚底心，包扎好，不影响走路。隔天换一次药，很有效。

当时根本想不到，自己差点就回不了桂林制药厂而被转到一家铁矿去劳动改造！这是后来一位知情的领导人告诉我的，在我们一批人去煤矿劳动后不久，厂里领导层开会，有位当地的领导人提出：正在煤矿劳动的几个摘帽右派，不要让他们回厂了，就将他们的关系转去一家铁矿，要他们在铁矿继续接受监督改造！并说，已经和相关单位联系好了，铁矿方面也已表示接受。对此，一位上海去的厂长，提出了不同意见，认为：这几个都是已摘去右派帽子多年了的人，没有发现有什么新的问题，还是让他们回本厂劳动！据说研究了几次，因这位厂长的坚持，才没让我等转去铁矿，又回到了桂林。

应该谢谢这位主持公道敢于负责的好厂长！

当时我对这些一无所知，后来才从一位姓高的好人处，知道这些的，可惜，已来不及表达对这位好厂长的感谢了！他已过早地离开了人世。想来人生苦短，在有权有可能做点好事、善事时，要尽可能努力做点好事、善事，而不要做坏事、恶事，死后留骂名！

需要强调的是，我和这位好厂长素不相识、迁厂到桂林后，我们也毫无个人往来，以后在“文革”期间一起关在牛棚里，充其量算是“棚友”。但愿他的在天之灵，能接受我迟到的衷心感谢！

从煤矿回厂后不久，“四清运动”就开始从试点而逐步展开了，著名的“桃源经验”宣传介绍得很热闹……

运　　动

中国现代史研究，“运动”是个重要课题。

说是连续三年自然灾害造成了严重经济困难，物资严重匮乏，说不清有多少东西凭票供应，但还是供不应求。政府强调团结一致克服暂时经济困难，而暂时没有继续搞政治运动。于是就有了陆文夫发表在《人民日报》的小说《葛师傅》，也就有了我在来因夫妇鼓励下，所写的一些小文章。

时间老人的脚步刚跨进公元1964年，中华大地上又开始了名曰“四清运动”的政治运动，其中的“桃园经验”成为开展“四清运动”的典型。

我与“运动”似乎有不解之缘，所幸在参与“运动”中进步、成长，也不幸在“运动”中跌跤，对“运动”有切身感受、切肤之痛！这里的“运动”与体育运动无关，也与爱国卫生运动有别，是具有特定的含义，并有着特定历史背景的政治运动。

我对这特定历史背景的政治运动有亲身感受和长期思考，认为这是个值得研究的历史课题，无论是回眸以往抑或认知当下的中国，特别是把握未来发展方向，都是极有意义的。

解放初期，我是上海一家私营企业的青年工人，参加工会后，第一次接触的是爱国卫生运动，每星期四参加大扫除，人人动手，积极行动。“三反”、“五反”运动开始以后，我参加“五反检查队”，可说是走上革命道路，起先是“五反检查队”队员，接着是“民主改革运动”，从工作队员升任为小队副队长，受到锻炼，入团入党。我认为在当时特定历史背景和现实环境情况下，开展这样的运动是有必要的，也是基本成功的，在某些工作方法上的不妥之处，是可以理解的，也不难纠正。

“整风”和“反右派”运动，以及随后的“大跃进”、“大炼钢铁”、“赶超英国”等，处理政治、经济方面的问题都以大搞群众运动来开展，结果怎样呢？历史事实已经证明这是违背客观规律的，后果是严重的，教训是深刻的，但愿我们能认真吸取经验教训，把正在开展的“四清运动”搞好！

厂里来了“四清”工作队，在食堂召开全厂职工大会，队长作动员报告。我带个小板凳坐在最后，听得认真。这次“四清运动”是解决领导班子、领导干部“四清与四不清”

的问题……

接着就贴出了首批大字报，看来都是向领导提意见的，大方向都把握得不错，当然也难免有些小问题，如写某厂长与右派分子关系如何如何，亲自到右派分子家里去怎样怎样，是点了我的名的，我最清楚根本没有这回事！但我想应该正确对待。显然我对大字报有自己的看法，你让大家随便写随便贴，想怎么写就怎么写，能与事实没出入吗？会没有弊端和副作用吗？这，我心知肚明，仅限肚明，不宜口说，这不是我能口说的问题！

“四清”工作队的一名队员，找我进行过一次个别谈话，希望我以正确态度对待运动，对领导干部有什么需要讲清的问题，应该向工作队讲清楚；自己有什么要讲清的，也应争取主动。我表明了自己的态度，并澄清了上述那张大字报的事实，那位厂长根本没有去过我家。

谈话是双方都能接受的。

万万没有想到的是，厂里的“四清运动”还没有结束，史无前例的“无产阶级文化大革命”运动，就如火如荼地在全国热火朝天地掀起了高潮！

邂　　逅

俗话说无巧不成书，生活中的巧事有时比书上的更巧。

地处祖国西南地区的山城桂林也沸腾了，大街小巷红旗招展，横幅标语大字报铺天盖地，各种革命造反组织如雨后春笋，游行队伍络绎不绝，口号声此起彼落，欢呼最新最高指示的发表！欢庆关于开展“无产阶级文化大革命”的决定公布！

我所在的桂林制药厂也不例外，据说执行了资产阶级反动路线的“四清”工作队从厂里撤走了。职工中有的私下议论：“‘四清’运动虎头蛇尾！‘四清’工作队不辞而别。”

接着，厂里的“无产阶级文化大革命”运动就轰轰烈烈地开展起来了，大字报铺天盖地，批判资产阶级反动路线的口号接连不断，生产不可能不受影响，开头我所在的车间还能基本维持运行，我继续日夜三班。

这天我上了本周最后一个通宵班，下了班洗过澡到宿舍躺了一会儿，就再也不想睡了，史无前例的“文化大革命”运动如风暴席卷而来，我能不闻不问安然入眠吗？听一起上班的青工们说，街上到处搭起了大字报专栏，贴满了大字报，写大字报的纸都卖光了，只好用旧报纸，连墨汁也断货了。还有散发得满天飞的传单，可热闹了。我绝不是去凑热闹、看热闹，我有心事啊，不说为国家为人民，即便为小家庭为自己的前途命运，我能安然入睡吗？否也！我揣着一颗不安的心，上街去看大字报。

果然，街上热闹异常，到处都是大字报，不时有散发传单的，也有往我手里塞的，不一会就得到了好几张。还有高举红旗敲锣打鼓呼口号游行的，个个都振奋激昂。当然也有个别行色匆匆、不管不顾的行人，显然在为生计而奔波……

我来到桂林最热闹的十字街口，看到街角转弯处挤满了看大字报的人，我走近一看，那用红笔打了×的李伦新三个字特别显眼，原来这是广西师范学院的革命造反司令部的大批判专栏：“彻底揭发批判上海来的大右派李伦新的大毒草”通栏大字标题，我猛然一惊，暗暗叮嘱自己：要镇静，不能显露紧张的声色，千万不能当场让人认出我就是大字报揭发的那个……

看着看着，忽然身后有个熟悉的上海口音叫我的名字“伦新？”我连忙扭头一看，“老孙，是你？”不禁脱口而出。所幸在场没有人注意我们，我俩就手拉着手马上离开了现场。

老孙是我解放初期就一起工作的老同志，从上海市嵩山区团委到邑庙区团委，共事多年，同在1958年的“整风补课”运动中，参加了三人联合发言，也被划为右派分子，开除了党籍。下放农村劳动那几年，又和我同在一个生产队，有段时间还和我同住一户农民家，实在是患难之交。

他悄声告诉我说，眼下他在上海南市区的某中学做总务后勤工作，有一张学校的工作证，因而可以免费乘火车出来“革命大串连”。他说，学校停课闹革命了，学校里不用去上班，就想到何不出去走走看看？于是就一个人免费乘火车到了杭州，接待站安排吃住，一路过来俨然革命教师，就这样到了桂林。

“太巧了，约好在这里碰头也没有这么巧啊！”我俩异口同声地感叹。

此时此刻，此情此景，我和老孙这样邂逅，实在说不清自己是怎样的感慨？两人并肩走着轻声交谈，当然是乡音，我说一起到我宿舍去坐会儿，屋里没有别的人。老孙有些犹豫，我理解地补充说：“你放心，不会有事的，宿舍里没别的人；再说你来到桂林，能不去看看我是怎么过日子的吗？”

于是我就领着他来到我的住处，单身宿舍，和我同住的两个当地籍青工，都待我挺好，特别是小曾，有时还邀我到他家去玩，留我在他家吃饭，和他父亲一起喝酒，一家人似的，使我倍感温暖。于是老孙就放心地跟我走进了宿舍。

我俩在宿舍坐了一会儿，谈了些上海“文化大革命”运动和熟识的老同志的情况，都有种茫然不解的心情，我更加心事重重，还担心上海家里妻子儿女，再三对老孙说：“你回上海后，千万不要将我的处境对任何人讲啊，特别不能让我的老婆孩子知道啊！”我简直是以恳求的口气，禁不住地有些哽咽了。

老孙理解地点点头，关心地叮嘱我：你一个人在这里，千万要当心，自己要保重。

我陪他在附近一家小饭店里用午餐，要了两碟菜，喝了点三花酒，而后各吃了一碗桂林米粉，边吃边说着心里话，句句真心，动情。

和老孙道别时，我再三叮嘱他：你回上海后，千万不能让我的家人，知道我在桂林的处境……

感　恩

危难时刻见真情，知恩图报人之常情。

记得那几天异常的闷热，车间里不仅只是温度高，而且有害气体弥漫，上班却必须穿工作服，汗湿了干，干了又汗湿，汗渍常常使工作服上结了白花花的一片……

这天我上早班，下班后洗了澡参加班组会，班长会后，有个人对我说，这两天天气又闷又热，有的人病了，你明天要顶一个早班。我照例点头说好的，就回宿舍了。

独自在宿舍，本想好好休息，却怎么也安静不下来，十字街口那些大字报，自己姓名上那一个个红××总在我脑际映现，嘿嘿，太抬举我了，我成了上海来的大右派了，我写的那些小文章都成了大毒草了，这叫我怎么消受得了？下一步会怎么样呢？难说啊！

我自然想到了陆文夫，还有曹阳、阿章等一些我认识的同样情况的人，不知他们现在的处境怎么样了？

我不能想到来因和她的丈夫，无论如何我都敬佩他俩，感谢他俩，要不要去看看他们？听听他俩对自己的指教和帮助呢？不！不妥！我马上自我否定了，无论如何都不要去连累人家啊！

老孙来过桂林后这几天，我总摆脱不掉那十字街口的红××，睡梦中会忽然惊醒，就再也睡不着了。此刻，我更想到了上海的家里，有没有造反派突然来抄家？病妻幼儿都安然入睡了吗？还有……

夜幕降临，我躺在床上望着天花板出神，一颗心悬挂着实在难以安睡啊，就索性起床，想找本书来读，让自己进入书上描述的情景中，和书中的人物一起喜怒哀乐……可是，没有，都处理掉了。

可我还是摆脱不掉严酷现实给我带来的烦躁不安！天气闷热，心境烦闷，浑身汗涔涔的难受，于是想到厂里去洗个澡。这是我的成功经验：温度适宜的水淋浴，不仅冲去我身上的肥皂泡沫，还能带走我心上的烦恼不安，淋着、淋着，有时还会情不自禁地唱起来，唱什么并不重要，喊两嗓子，就舒心多了！

于是，我端上面盆，拿了毛巾肥皂，到厂里去洗澡了。

厂里已经成立了革命造反司令部，门口有值班护厂的民兵。

此时，偌大浴室里只有我一个人，我赤身裸体尽享淋浴的舒适，情不自禁地放声唱了起来，其实只是哼哼而已，哼的是自己从小喜爱的京剧老生的唱段，唱词是不用的，那韵味那腔调就够舒心适意的了……

“李伦新,门口有人来要抓你,你不要出去,听见没有？”

水声哗哗，我独自唱得正起劲时，浴室门口的喊声我一时没有听清,在外面喊的人提高了嗓门,又大声喊了几声，我才停止歌唱，关掉了水龙头，听清楚了，是叫我不要出去，因为厂门口有广西师范学院的造反派，有名的“老多”司令部采取革命行动，开了一辆卡车停在厂门口，要抓李伦新这个上海来的大右派，明天押往市体育场进行批斗！

我连忙回答说：“晓得了，谢谢你！”

我不免心烦意乱，连忙穿上衣服，独自在浴室里走来走去，走动似乎可以帮助我镇静下来，思来想去，我除了无奈、不安、恐惧和不解外，还强烈地感受到一种特别的关爱，厂门口值班的民兵这是在保护我啊！危难之中见真情！人间自有真情在！

我独自在浴室里待着，想不出刚才来叫我不要出去的人是哪位？好像是三车间的严师傅，又像是锅炉房的何师傅？无论是谁，都是好心人，我永远感激他们……

不知过了多少时间，浴室外又传来了一个不很熟悉的声音：“李伦新，他们走了，你可以回去了！”这声音犹如解除警报，我走出浴室，看到的是一位青工，广西山区来的，讲话还带着乡音，他对我说，他刚接班，带班的师傅让他来通知的。我跟他一起走去，走到厂门口，值班的民兵严肃地关照我：“你这两天不要上街，不要一个人随便到外面去，有事没事就在厂里待着。”

我回到宿舍，久久难以平静，想想还有些后怕，如果被广西师院的造反派抓去了，后果会怎样？听说这个造反派组织里都是大学生，情绪都很激昂，要文斗不要武斗只是口号，打人就是革命行动，我这个被他们称为放了大量毒草的、上海来的大右派，如果被抓了去的话，后果不堪设想！

第二天在市体育场召开的批斗地、富、反、坏、右、走资派大会轰动全城，会后被批斗者挂牌游街示众，从此“批斗大会”就成了“批斗打会”……

我对那天晚上厂门口值班帮我逃过了一劫的人们，视为恩人，永远怀着对他们的敬重，并要求我的子女也对此铭记在心，永志不忘！

游　　斗

人既是天使也是魔鬼，应该隐恶扬善。

厂门口的墙壁上有块黑板，进出厂的人都会扭头看看上面用白粉写的通知。这天写的不是通知，而是“勒令”：勒令地、富、反、坏、右、走资派，下班后必须老老实实到食堂集中……

我的注意力似乎只在一个“右”字上，我是不是属于勒令集中的对象？是否要按勒令的时间、地点去报到？这，既不便去问问清楚，又不好和谁去商量，难啊！想来想去不知如何是好？据知本厂共有摘帽右派4人，其中一人是原桂林市总工会的干部，摘帽后在本厂劳动，其他3人都是上海迁来的，也都早已摘帽，参加劳动。看来这勒令中的“右”，指的就是已经摘帽的右派分子，于是我想还是按时去报到了看情况再说。

当我走进食堂时，只见气氛不同往常，“横扫一切牛鬼蛇神”、“坦白从宽、抗拒从严”和“无产阶级文化大革命胜利万岁”等横幅、标语耀眼夺目，包括上面提到的与本人相同类型的那三位，已经站成了一排，全都低着头，有的已经在胸前挂了大牌子。我走过去站到了低头者一起，立即有臂佩红袖章者往我头颈挂了个大牌子，我低着头很容易地看到牌上写的是：“没有改造好的右派分子李伦新”，姓名也用红笔打了×。我还注意到所有挂牌者的姓名都打了红×，不是给我个人的特别待遇。造反派头头的训话，我几乎没仔细听，因为那大木牌子很重，用铁丝挂着，挂久了，勒得头颈生疼，却又只好忍着，注意力自然就不集中了。

造反派头头训话后，开始游斗，就是押着我们游街示众，接受批斗的意思，还要每个牛鬼（被游斗者）边走边喊，喊自己胸前挂的大牌子上所写的字，而后喊一句“向毛主席请罪！”于是，我就边走边喊：“没有改造好的右派分子李伦新，向毛主席请罪！”坦白说，这时，我有些小狡猾，喊得并不认真，更非真心，能轻声些就尽可能轻声些，有时故意喊成“破句”、“漏字”，有时能不喊出声就不喊出声，以不被背枪押游斗造反派发现为限。

游斗，沿着厂区的上海路（因迁厂而新辟的一条很短但较宽的水泥马路）行进，围观的人越来越多，大都是本厂职工及家属，好奇心重的孩子们，跟随着看稀奇，他们中不时有用树枝或皮带抽打“牛鬼”的，嘻嘻哈哈的乐此不疲。

在食堂门前和宿舍楼中间，“牛鬼”们被勒令跪下请罪，此时有革命群众和革命小将采取革命行动，皮带抽、棍棒打的居多，也有用脚踹的，挥掌搧耳光的……我领受的是：有人从我身后踢了几脚，声色俱厉地骂道“你这个没有改造好的牛鬼，还不老老实实低头认罪！”但我能感受到：他骂得凶而大声，但脚下踢得并不重，我不怎么疼。我知道他这是在做给人们看的，因为他和我同在一个车间，以前同进同出，有过说说笑笑，他不得不当众如此这般，以示划清了界线。

有位女工用树枝抽打我，边打边大声喊道：“原来你是个老右派啊，我们被你蒙蔽了！你以前不老老实实接受改造，还假装积极，我们现在认清你的真面目了，坚决与你划界限！”她和我妻子曾经是老同事，显然这是在告诉人们，她要和“牛鬼蛇神”划清界限，但并不想伤害我，她将树枝举得高高的，打在我身上却并不怎么疼。

当然，也有打得我很重很疼的，那是些比我的儿女年纪还小的孩子，学校停课闹革命了，他们成天在外面游荡，打牛鬼蛇神，既是革命行动，也很好玩、有趣，于是就用皮带、树枝，以打人寻开心，还是光荣的革命行动呢！何乐而不为？

我被这些娃娃打着，痛在身上，更痛在心上！

我当时不禁想到，小时候读过的《三字经》，开头就是“人之初，性本善”，老师讲：为人处世，从来都是要隐恶而扬善；现在怎么颠倒了？人性恶的一面，被毫无顾忌地大肆张扬，而人性善的一面，则被糟蹋得不成样子，我们民族的后代子孙将会怎样啊！

我欲哭无泪……

牛　　棚

谁说十年浩劫时期没有创造发明？“牛棚”就是一个！

游斗终于结束了，“牛鬼蛇神”们被赶到“牛棚”里，所谓的“牛棚”，也就是堆放瓶子的仓库，听过训话后，大家有的席地而坐，有的半躺半倚着墙，都疲惫不堪了。关进这牛棚的约有三十来人，据训话者说，都是“地、富、反、坏、右、走资派、反动学术权威”，我并不都认识，其中和我同属“没有改造好的右派分子”的共四人，三个从上海迁来，一个是桂林人，原桂林市总工会干部，还有从上海随厂迁来的药师，纪厂长是作为“走资本主义的当权派”也被关进了牛棚。

当时我还不知道，他就是坚持不同意将我等上海迁来的“摘帽右派”转到煤矿去的！不知道也有不知道的好处。他的妻子是厂里的女工，不顾一切顿顿送饭菜到“牛棚”，陪他边吃饭边说说话，说的什么我不知道，但从偶尔传来的说笑声，足以说明两人的感情了……

我可没有这个福气！

我对这位走资派是有些羡慕，没有妒忌，倒有些许同情，堂堂一厂之长，响应号召，动员并亲带领几百工人，从上海迁厂来到这里，连家里子女都一起来了，恢复发展生产不容易啊，怎么忽然间就成了“走资派”，而且又被冠以“三反分子”帽子，关进“牛棚”，还要他去全厂最累最热最艰苦的烧大锅炉岗位，日夜三班倒接受监督劳动，还要随时接受批斗，真叫人看不懂、想不通，这究竟是在搞什么革命运动嘛？

看不懂、想不通也不好有丝毫情感流露。

我也有值得自我安慰的。关进“牛棚”的第二天，正当我烟瘾难熬的时候，俞师傅悄悄地将两包香烟给了我，是从“牛棚”窗口扔进来的，只喊了一声：“老李，你的香烟！”就转身走了。看管“牛棚”的人好像不在场，我从窗口探头张望，看到的是老俞那微屈而熟悉的背影。

被关进“牛棚”的人，都必须在接受训话后齐声说一句“守法守纪”。凡事开头难，刚进“牛棚”得先训练一下，于是管“牛棚”的造反派战士对大家进行培训，他训话后举起右手伸出食指往前一指，牛鬼们必须齐声高喊：“守法守纪！”可是，训练了半天，还是达不到要求，牛

一双儿女，给了我生活下去的希望和力量。

鬼们不是喊得有气无力，就是喊得杂乱无章且有怪腔怪调，还有的根本不出声……管“牛棚”的这位造反派战士火了，吼道：“这些不老实的‘牛鬼’！看老子怎样收拾你们！”

他收拾“牛鬼”们的手法可多了，如要“牛鬼”们长时间跪在水泥地上，跪得膝盖都破了，直流血……

我在“牛棚”里常常睡不着觉，太困了时会迷迷糊糊地做梦。记得做个这样的梦：自己幻化了能飞的小鸟，飞出“牛棚”，飞向北京，想去报告这里……惊醒后再也难以入眠了，会信马由缰地瞎想，有次想到自己取名耕夫以牛自喻、自我牛化，如今，哈哈，我自嘲地笑了：真的成了牛，被关在牛棚，不！我马上自我否定：此牛非彼牛，不可混淆……

“棚友”

苦恼人的笑，何止只是一种苦涩。

关进“牛棚”的人，有上海来的，也有广西桂林本地的；有干部、技术人员，也有工人；有男也有女，男的多女的少；有原本相识的，也有面熟陌生的……突然间都关在了一起，开头不免相互提防，多有疑惑和猜测，却难掩同病相怜的神情和举动，如有的去剪来了芭蕉树的叶子，递给每个人当扇子，扇风赶蚊子；有的打来了井水，洒些在地上，放在“牛棚”里，一可降温防暑，二可免灰尘飞扬，再放两桶井水在门口，让大家洗手涮毛巾……

进了“牛棚”都成“牛鬼”，同类项这么一合并，就都成了“棚友”，尽管此前有的互不相识，有的只是点头之交，有的甚或曾经有过某些龃龉、不快，现在也都烟消云散了，仿佛都有了相互同情因而能彼此照顾的共同点了。当然，也不尽然如此，恩恩怨怨在所难免。

被作为“三反分子”关在“牛棚”的纪厂长就不一样，他几乎没有“棚友”，谁也不主动与他接触，他也总是自顾自，劳动下班后，他除了睡觉就是看报纸写材料，大概总有写不完的交代吧？

我还是在原料车间上班，三班倒，上大夜班是最难熬的，白天在“牛棚”睡不好觉，夜里上班不敢打瞌睡，生怕出了事故惹麻烦，说你破坏生产是政治问题你有口难辩，因此总是把眼睛睁得大大的，实在瞌睡得熬不住了，就到水龙头下用凉水冲冲，使自己清醒清醒！

可是，下了班，拖着疲惫不堪的身子进了“牛棚”，躺在地铺上合一会儿眼就会醒，再也睡不着了，满脑子的问题令人难以排解，辗转反侧睡不着。有次我不知怎的就情不自禁哼哼唧唧唱了起来：“我好比，南来雁，失群飞散。我好比，笼中鸟，有翅难展。我好比……”

正在这时，看管“牛棚”的造反派战士走了进来，大声喝问：“你一个‘牛鬼’，还这样开心，唱什么唱！”

“没唱什么。”我咕哝一句。

“还不老实交代！”他厉声喝道。

我急中生智，理直气壮地说：“睡不着，哼哼革命样板戏，有利改造思想，也不可以吗？”

他一时还没反应过来，就来拉我说：“还不老实！跟我去司令部！”

“去就去，去了，是你反对唱革命样板戏，你才是现行的反动！”

我这一说，果然有效，他不再张狂，转身走了。

我为自己这小狡猾的成功，暗自笑了，笑得非常苦涩。

正在这时，有位“棚友”走过来，对我附耳轻声说：“你刚才唱的是京剧《四郎探母》中的‘坐宫’一折，这出戏现在被当毒草批判了，说这是出叛徒戏，你竟然还唱它，要当心啊！”

我连声说：“谢谢侬！谢谢侬！”

“棚友”中年龄最大的一位，姓戴，宁波口音重，走路踉踉跄跄的，本可以退休不必从上海迁来桂林的，据说因为他精通七国文字，制药厂需要他，就动员他来了。到桂林后，我看他天天坐在资料室里看看书，写写字，悠闲自在，这回以“反动学术权威和历史反革命”之名被关进了牛棚，他还是成天嘴巴子动个不停，但不出声，据他说是在背外文，连坐在马桶上也不停息。

他和我在“牛棚”并肩而坐，有时闲聊几句，后来他问我学过外语没有？我说学过两次英语，但都等于白学。他就热情主动地要教我英语，说这是最好的“注意力转移法”：你只要进入了英语语境，脑子里只有英文，就会忘记现实的一切……

有次，造反派的一个小头头来到牛棚，要老戴翻译一份外文资料，他拿过仅有一页的印有外文的纸，看了又看以后，满脸严肃地倒吸一口气，认真地说出了一个字：难！

造反派小头头脸一沉，连带香烟屁股吐出了两个字：“狡猾！”就把老戴带走了。

不，这回不同以往，他说他是被请了去了，到了指挥部，小头头还没汇报完，大些的头头就对他笑脸相迎，说是请他辛苦一下，翻译一份外文资料，好话说了一箩筐，他勉强接受了翻译任务。

于是，他又坐到了久违的资料室，一杯茶，一支烟，有时悠闲地背着手踱来踱去，呈凝神深思状。

我有时路过资料室，凭窗向里张望，见他神仙似地在品茶、抽烟，羡慕中不免有几分妒忌，但还是祝愿他：最好就这样一直待在资料室神仙下去。

可是，这样过了9天，他又回到了“牛棚”，悄悄地对我附耳轻声说：“用不了一天时间，就可以翻译好的这份波兰文资料，我用了9天，因为这是一次难得的机会，重回资料室的感觉，真好。”

“你这不是磨洋工？”我故作严厉状，悄声说。

“关在‘牛棚’里比磨洋工还磨洋工！”他满脸严肃。

“那你为什么不在资料室多磨几天？”

“适可而止。9天正好，臭老九，吃香了9天，有点意思。”

我无言以对。更加尊敬我的这位英语老师了！

农　　场

劳动和改造相联系，难以与惩罚或变相惩罚相区别。

一天早上，按照通知，我和“棚友”们一起上了运货的大卡车，车斗里站得满满的人，前胸贴后背，似乎相互有了依靠。卡车开动后不久，颠簸得很厉害，彼此间却起了支撑作用，跌倒的可能性没有了，只是感到摇来晃去地吃不消，但再怎么难受也只好忍受，因为我们都是“牛棚”里的，被叫作“牛鬼”者。

卡车在桂林郊区的一个山间洼地停下，下车后，在一排有大铁门的房屋门口集合站队，一个造反队的小头头照例先领大家学习最高指示，而后训话，无非要大家在这里好好劳动，改造自己，接着宣布了这也不准、那也不准……

走进铁门，只见一个铁笼子似的东西，里面只能站一个人，连蹲下来的空间也没有。大家看了，无不目瞪口呆，原来这里本是一个劳改农场，不久前迁移到别处去了，这个“站笼”，是用来惩罚犯了场规者的，叫“关禁闭”，进去了就只能一直站着示众，不但无法坐下，连蹲下也不可能。这使我等开了眼界，长了见识，有不寒而栗之感！

棚友们大多为“臭老九”，原来都喝过点墨水，神经较为敏感且有咬文嚼字的陋习，来到这曾经的劳改农场，进门就看到这“站笼”，脸上的肌肉自然就都变得不灵活了，全体默默无声。到了晚饭后，歇灯睡觉，大家睡在劳改犯们睡过的统铺上，就再也忍不住地口耳相接，发出各自的疑惑和担忧了：

“我们都被关进劳改农场成劳改犯了？”

“一家工厂也可以搞劳改农场，把我们关劳改农场了吗？”

“厂里这样搞，经过上级批准了吗？”

“这样无法无天，咳，不知道会怎么样收场！”

背地里胆敢这样发泄两句牢骚话的不多，一般都没什么大不了的问题，当然只限于口耳相传，且仅限于自以为“保险”的对象。有本地的“棚友”透露：现在，农村有的地方“清理阶级队伍”大有发展，村里自行成立“贫下中农最高法庭”，将阶级敌人彻底消灭，七类分子及其家属子孙统统处以“彻底消灭”。这股风，幸亏被中央领导人发现了，由公安部下令，坚决予以制止……

背地里议论归议论，第二天早上，铃声一响，大家起床；铃声又一响，集体早餐；铃声再一响，集体下田劳动，坌地的坌地，拔草的拔草……

我对农业劳动并不陌生，还有一种和大地接触的亲切感，特别是不必在有毒气体车间劳动了，不用没日没夜地“三班倒”了，在农场劳动，还能呼吸到大自然的新鲜空气，日出而作，日落而息，蛮好！我倒希望就这样一直在农场劳动算了。

想不到还是被通知，让我回厂里去，在原劳动岗位“三班倒”。

不久，这农场就收了场，大家也都回到厂里来了……

流　　弹

从口水仗、墨水仗，很快发展到真枪实弹的武斗。

关在“牛棚”里的人，也并非与世隔绝，被叫作“牛鬼”的这些人，既不是“牛”，更不是“鬼”，都在关心着国家民族的前途命运，只不过是方法途径不同而已。我们冷静地看到：从揪斗“走资派”和“牛鬼蛇神”、天天开“批斗‘打’会”开始的“文化大革命”，渐渐地转向了形成对立的两大派红卫兵组织，但双方都以捍卫毛主席的无产阶级革命路线为口号，谁也不承认自己是资产阶级保皇派，这样的所谓路线斗争，从打“口水仗”很快升级为打“派仗”，以至“武斗”。“要文斗，不要武斗”的口号喊得震天响，实际情况却是武斗不断升级，从拳打脚踢，很快发展到枪打炮轰……

我所在的这家不足千人的制药厂也不例外。听说一派的群众组织，用厂里的制药原料，制造了土炸弹，颇有杀伤力，用来对另一派“打击”，战果不错……

关在“牛棚”里的我等“牛鬼蛇神”，此类事情是无权过问的。但那武斗的枪炮声，倒是可以清楚听到的。本厂隔壁的饮料厂，一个6岁的小女孩，吃过晚饭，到自来水龙头下洗碗时，被“流弹”击中，不幸当场身亡，是血淋淋的事实！

6岁女孩被“流弹”夺去生命，一时成为街谈巷议的热门话题，现在拿枪的大都是些不曾拿过枪的人，出于革命热情或者好奇，没打准或弄走了火，子弹就飞出去了成了流弹，造反派战士、武斗的勇士说流弹的特点是：“子弹没长眼睛，打死谁，活该！”……

本厂的革命群众组织都自命为革命造反派，都忙于革命造反的神圣事业，形势总那么紧张，斗争一直很剧烈，所以对“牛棚”里的那些“死老虎”（谅他们也不敢乱说乱动），就自然而然地不像运动开始时那样关注了，只是勒令他们老老实实，白天都到厂里来劳动，没生产岗位的就拔草、扫地、洗厕所，晚上都回家去睡觉吧。

我又回到了职工宿舍，同一房间的俞师傅待我真好，同楼层的邻居冯药师，曾经都是“棚友”。金师傅、屈师傅等几家邻居，也都是厚道人，我们能相互理解和彼此关照，如夜间遇有枪炮声响，就相互提醒，一起蹲在前后左右都有房屋隔着的中间过道里，以避免遭遇“流弹”。有了突发情况，相互转告，都不敢开灯了，在过道里名副其实地“瞎聊”……

生活上我们也彼此影响。桂林人历来不吃河虾，看到我们吃得有滋有味，渐渐地也就试着吃了，一传十传百，如今都爱吃虾。有时聊到桂林人把南瓜籐和南瓜花做下饭菜，上海来的同志学了，吃了，都说别有风味，说到桂林的蛤蚧、罗汉果都很名贵，还有山老鼠其大如猫……

没想到这一聊，就聊出了史无前例的“鼠宴”啦！

鼠　　宴

享尽人间美食者，未必尝过鼠宴美味。

形成对立的两派群众造反组织，都自称是无产阶级革命造反派，都声称无限忠于毛主席的无产阶级革命路线，都声嘶力竭地高呼誓死捍卫无产阶级革命司令部，口号响彻云天，这属于打口水仗；大标语大字报铺天盖地，这属打笔墨仗。打着打着怎么就发展到了真枪实弹的武斗了？尽管都在高呼“要文斗，不要武斗！”的口号，但武斗迅速升级，广西桂林地区的武斗尤为激烈，全国闻名。

我所在的工厂全部停产了，职工也都不来厂里上班了。我也不必到厂里去了，成天提心吊胆地在宿舍里待着。幸好食堂还没有停炊，炊事员尽可能地供应单身职工极其简单的伙食，但求填饱肚子而已，哪里还奢望好吃？对炊事员能冒着“流弹”风险来上班，为我们弄吃的，已实属不易，我等都心存感激。

有天晚上，因枪炮声不时传来，为防“流弹”，我们几个成年的邻居都坐在房子当中的过道处，被不时传来的枪炮声弄得心神不安，这样武斗下去怎么得了？说不上忧国忧民，但都担心自己和家里亲人安危的焦虑心情已溢于言表！有的说，有个孩子在自家门前的人行道上玩耍时，被“瞎枪”打死，其母亲哭得死去活来。正巧这时有游行队伍经过，是为欢呼最新最高指示发表不过夜而举行的庆祝游行，锣鼓喧天，口号声震，这位号啕大哭的母亲沉浸在丧子之痛中，想不到因为哭的喊的不是该哭的时候和该哭的场合，被革命造反派战士强行拖走，她痛心疾首的伤心哭喊，招来更加可怕的对待，不，是史无前例的虐待……

听说不同观点的两派学生组织，在武斗中都非常忠勇，都无限忠于伟大领袖，誓死捍卫伟大领袖的革命路线，在武斗中都非常勇敢顽强……

多日不知肉味了的人们，说着这些但愿只是不实传闻的新闻，忽然闻到了诱人的肉香，这是哪里来的？好香啊，馋得人口水都快流出来了。想不到还真的有肉吃了，原来是独居陋室的冯老药师，被老鼠闹得心烦意乱，就观察老鼠的动静，意外地发现：这被当地人称为“山老鼠”的家伙，体大如猫，却比猫狡猾多了，能在墙角打洞，能从房子的梁柱上窜过来跳过去，还会发出“唧、唧、唧……”的尖利叫声，搅扰得人无法安静入睡！

冯药师从“牛棚”回来后，发现老鼠更加猖獗了，他想，反正睡不安，就动用自己如今毫无用处的智慧和才能，设计了一套捕捉大老鼠的方案，自行设计制作了一只捕鼠器，啊哈，臭老九的知识本领，在这里有了用武之地，一举成功地捕捉到了一只大老鼠！

面对这比猫还大的老鼠，冯药师就像在实验室面对试验难题那样摆出了习惯动作：手摸下巴，凝目沉思了一会，伸手摸摸死老鼠，竟满是肥嘟嘟的肉呢！于是他当机立断，剥皮、砍头、去尾、除去内脏，洗净，将肉切成小块，放在煤油炉上的小铁锅里，油煎！

这就是香味四溢，惹得多日不知肉味的四邻，口水差点没流出来的原因！

我戏称这是举世无双、空前绝后的鼠肉宴会，虽非盛况空前，却绝对可以载入吉尼斯纪录。每人一块油煎鼠肉，真是既香又酥、美味可口啊！有的狼吞虎咽，有的细嚼慢咽，敝人虽然没有吃山珍海味的口福，倒也尝过鸡鸭鱼肉等美味佳肴，哪有今夜这油煎鼠肉好吃啊！可惜每人只能分到一块，实在吊胃口，物以稀为贵嘛，虽说量少不过瘾，倒更让人还想再吃，用馋涎欲滴形容也不算过分夸张，至少我是如此！

岁月如流，没有流失我这深刻的记忆，每每回想起这特殊年代的非常鼠宴，总会有种五味杂陈的感觉……

避　　险

当最后一列火车就要开过时……

武斗不断升级，什么步枪机关枪都用上了，还有什么火药包炸弹都炸响了，只差没有动用飞机投入战斗了，所以人们在说，这武斗的规格和规模，已经达到了相当的战争级别……

我所在的这家工厂早已全部停产，当然也就不必到厂上班，就连我等“牛”字号也一样，不用去厂里报到了，只有老老实实在家里或宿舍里待着。造反派忙得似乎也顾不上管这些事了。

在这样的形势下，从上海迁厂来桂林的职工，就陆续回上海去了。我当然对此想也不敢想，自知没有资格也没经济条件。

据说开往上海的火车，只有今夜最后一趟了！

消息传来，还有几位上海来的职工，都赶到火车站去等这说不定什么时到站的火车！和我同一宿舍的俞师傅也只好赶这末班车回上海，我不能不去送送他。

天哭人愁，雨淅淅沥沥地下个不停。当我将俞师傅送到火车站，拿着他交给我带回的一把油布伞，和他道了别，正转身要离开火车站回宿舍时，一个声音让我停下了脚步："李伦新，你怎么？还不走啊？"我回头一看，正是热心帮助过我的厂工会主席老高！

"我、我走不了啊！"

"是不是因为没有钱买车票？"

我无言以答。是，也不全是，我实在不知怎么回答好，不无尴尬地迟疑着。

"大家都走了，你在这里连吃饭都成问题，又这样危险，走，我们一起走吧！"说着，老高就掏了口袋，递过来几张钞票，斩钉截铁地说："快去买车票，买不到，也要挤上车，再补票，快！火车快到站了！"

此情此景，我怎能不热泪盈眶！不再犹豫，我赶快转身跑到宿舍，脱下工作服，换上了便装，又赶到火车站买了张票。

不一会儿，火车就气喘吁吁地进站了。

我好不容易挤上了这早已没有立足之处的车厢。

在火车上，人们似乎可以口无遮拦了，有的说，这简直就是逃难！有的说，"文化大革命"怎么搞成这样大打内战？还有的说，遭难的是老百姓，上面头头不还是在喊形势大好、越来越好吗……

我忧心忡忡，为自己，也为同事，也为国家！更紧迫的现实是：我身无分文，回到上海后，这日子可怎么过？唉！只好再说了吧——确实有种身不由己、听天由命的无奈之感。

自从不再写日记以来，我对日期似乎不大关注了，但这次突然回到家的日子，我却记得很清楚，是6月1日，在上海整整待了100天，我也记得很清楚。当我走进人民路127号时，有的孩子正在为庆祝“六一”国际儿童节玩游戏，而我家的两个孩子都在家里待着，对我这个不速之客，投来迟疑不安的目光，让我的心深深刺痛？家人无不感到突然和惊异，肯定没有惊喜！待我说明原因，妻儿似乎还是难以理解，怎么会是那样？回到家了，不再那么担惊受怕了，也好！往后的日子怎么过？愁也没用，天无绝人之路，再说吧。

上班惯了的人，闲居在家，很不习惯，何况是眼下这样的情形，动荡不安，心神不宁，对上海的“文化大革命”形势，我不了解也不想去了解，成天待在家里，想看书也没书看了。看到家里的那张床坏得很了，我就心血来潮，跑到济南路旧货市场，买来了几块旧木料，借来了锯子斧子等工具，当了几天木匠，修理了旧床，对自己蹩脚的木匠手艺，还有几分洋洋得意呢！

可是，想到生计问题马上就陷入了难以言表的苦恼中，身为男子汉，连吃饭都有断炊之虞了！厂里没有发工资，靠妻子在里弄生产组几角钱一天的收入，怎能维持一家四口的生活？孩子已到上学年龄，学费更成问题，怎么办？借债，实在不是滋味，我想了又想，向哪家去借？有几分把握？可能会是怎样的结果？真正伤透了脑筋！不过，这次让我尝了开口借债的滋味，是人生滋味中不可或缺的一味，尝没尝过借债滋味的人，对人生的理解和体验是不一样的！

凡是我开口借过钱的亲友，无论是否借给了我或借给了多少，我都心存感激。

当时很多商品都凭证供应，我去报临时户口时，因为是个有几十年烟龄的人，就领到了一份购香烟的票证，想不到这香烟票可以变成钞票，经人指点并帮助介绍“转让”了出去，得到了几元钱，用来维持了几天的生活开销……想不到过后不久，我回了桂林，被关在“牛棚”里时，有人就此事写了检举信，寄到我所在工厂，我因此被勒令跪在伟大领袖像前请罪……

我就这样在上海度过了一生中难忘的100天！

厂里来通知，要回上海的职工立即返厂“抓革命，促生产”。我和在沪的俞师傅等联系，约好一起回厂。当我要离家时，心里实在很难过，妻子为了生计，帮人家倒马桶，

回沪避险时，带我胞兄的四个孩子和我的儿女在外滩留影，寄托希望。

为邻居带小囡，日子实在过得艰难啊！两个幼小的孩子，穿的是用纱布缝制的上衣，用纱手套拆了织成的裤子。多少日子不知肉味了，我去菜场买来一点“槽头肉”解解馋，看着孩子吃了还说好吃……

希望寄托在孩子身上。我有意将胞兄的四个孩子和我的两个孩子带到外滩玩，对他们寄托希望：孩子长大了可要争气啊！为此，我在动身回厂前，将非常懂事的女儿敏敏带出家门，两人边走边说说话，是说不完的临别嘱咐，说着说着，我忍不住泪如泉涌。过早承受家庭困难的女儿，也哭着反过来安慰我，要我一个人在外面当心身体……

我囊中羞涩，只买了一只苹果给女儿吃，可她一定要我先吃，推让的结果，我只好先咬了一口，女儿接过去说，带回家去和弟弟一起吃。这吃了一口苹果的滋味，我在桂林常常想起，回味无穷，至今记忆犹新……

来上海的同厂职工相约，一起登上了开往桂林的火车。有家属亲友来车站送行的，情景与当年迁厂时送行不尽相同了，因为这是在“文革”非常期间，广西的武斗是全国闻名的，亲友们的脸上大都带着担心和不安，表达的都是这样一句话：千万要小心！顺利回到厂里，给家里报个平安……

非　　常

非常，就是反常，能不走向反面？

我们乘的这趟火车，到达桂林南站，已经是晚上 10 点左右，有些人一下火车，就被五花大绑，并遭拳打脚踢，押到厂里，在厂门口的水泥路上跪下，“向伟大领袖请罪”。本人也是其中之一！

本人在被强行跪地之时，挨了几脚，那人边踢我边凶狠地说：“你这个右派，也不老老实实的，竟敢跑回上海！”

我被踢倒在地上。听得出这位对我行凶的是造反派某头头（姑且隐其名姓，衷心祝他一生平安），他个子虽矮些，脚下倒很用力，踢得我何止是一时皮肉疼痛，腰椎受伤留下的后遗症，后来经常作痛……

我稍微留心一下左右，跪成一长排的不下三十人，有的被打得哇哇直叫，有的被枪杆子砸得瘫在了地上……

汽车间成了“牛棚”，没窗没门，密封性好，有持枪的看守，插翅难逃。不过，想逃也不可能逃了，听之任之、听天由命吧。

此时此刻，我什么也不去想，什么也顾不上，躺下，却怎么也睡不着，我记得清清楚楚，一连三天三夜，我没睡着过，因为每到深夜，还有令人惊恐不安的情况发生……

随着手电筒刺眼的寒光照过来，随着“某某滚出来！”的喝令声，被点名的这位“棚友”被押走了。押到不远处的篮球场，就传来被打者的惨叫声：“啊哟！啊哟！”有时痛得大哭大叫：“救命啊！救命啊！”打过、叫过以后不久，就会有两个背枪的人，连拖带拉地把伤者弄到“牛棚”来，一扔就转身而去。

等他们走远了，“棚友”就过来为伤者揩拭血泪，轻声安慰，给其喝口水，至多只有随身带的糖果，给他塞一粒到嘴里，劝他几句要想开些之类的话。所幸这些被打者，没有致命的危险。身上留下了伤痕，心上也刻下了难以消解的印记吧？

然而，这天夜里被拉出去的“棚友”吴某某，听说曾是一名“三青团”团员，在装箱组当小组长，身材算得魁梧的，年纪不过五十吧，他被手电筒一照，押出去了。接着，篮球场方向不断传来他喊“救命”的声音，叫得特别惨烈。

叫了一会，怎么不叫了？过了很久，怎么还没有把他押送回来？“棚友”们都在担心，不会出事吧？但愿是不再打他了，或者是……大家都往好的方面想，想来想去，哪还能睡得着？又不好去问门口站着的造反派，真是急煞人！

一夜无眠。第二天早上，“牛棚”里的人都照例要跪到厂门口，向伟大领袖请罪，听背枪的造反派战士训话。大家心里希望听到训话中能讲到吴某某的情况，但这个总是肩上背着枪一面训话一面走来走去的小头头，只字不提昨天夜里打人的情况，却老在反复强调：“敌人不投降，就叫他灭亡！”这句话！

“棚友”们已经感觉到有些不妙，会不会这话有针对性？那不该发生的情况已经发生了？老吴会不会被打成重伤了？

直到此刻，谁也不愿想到老吴被活活打死了！

第二天早上，“棚友”们跪着照例听造反派头头训话，这个背着枪、走来走去训话的造反派小头头厉声说：吴某某不老实，就叫他灭亡！是他自取灭亡了……

没过几天，吴某某的胞兄，一位默默无言在本厂为职工们送饮用开水的人，在南溪山下的河边，投水自尽，被造反派定性为畏罪自杀，自绝于人民……

接着，女职工李某某，带着 10 岁的儿子，到厂里的浴室洗澡以后，母亲哄儿子先喝下了“糖水”，而后自己也喝了，喝的都是厂里用于制药用的氢化钠，剧毒，很快夺走了这母子二人鲜活的生命……

全厂人心惶惶，但都噤声、无语，恐怖气氛笼罩下，谁都只当不知道有这样的事情，不说也不问，心照不宣，却难掩心神不宁……

生　　命

不能承受不幸的人，是真正不幸的。

一张张熟悉的脸，总在我的脑屏幕上映现，一个个鲜活的生命，就这样突然结束了！生命，怎么这样脆弱？那才 10 岁的孩子，更是无辜的呀！这两天，我深深陷入了为死亡的悲哀和沉痛中，摆脱不了对生命的追问，却难以找到自圆其说的答案。

我陷入了深深的苦恼中。

我被关在牛棚里，和比较相知又相互信任的“棚友”，私下里讲几句悄悄话，讲到我们这不足千人的工厂，一下子就有 4 个活人丢了性命，似乎比例有些高。更有甚者，广西某农村，自行成立了“贫下中农最高法庭”，将本村所有“黑五类”，也就是“地富反坏右分子”及其家属，全部消灭干净！这可怕的经验正在迅速传开时，所幸被有识之士急报中央有关领导同志，由公安部急令加以制止。

否则任其蔓延，将要死多少人啊？公安部急令予以坚决制止的同时，由解放军出面做工作，才使多少生灵免遭涂炭！

当然，这都是口耳相传的，但后来证实却并非误传。

时间老人不停步，地球照常转动，风雨过后有晴天，日子还得过下去。厂里到处新贴了“抓革命，促生产！”之类的横幅标语，积满灰尘的车间要打扫，生锈了的机器要擦拭，有的还要修理。努力争取尽快恢复生产，这是得人心的。与此同时，要大搞“红海洋”，将厂内厂外的一些墙面，用红油漆刷了，都要写上最高指示……

我被派去和几个“棚友”一起，用红油漆刷墙壁，任务似乎是光荣而又神圣的，必须保质保量按时完成。好不容易找来了几架竹扶梯，都不够长，于是只好用绳子绑扎使之连接起来，两架相连接的竹扶梯，只能油漆二层楼处的外墙，于是再接上一架竹扶梯，这才可以刷到要求的高处。我拎起一桶红油漆，正在接长了的竹梯上一节一节地往高里攀登着，晃晃悠悠的，刚爬到够得着高处墙面时，我才刷了几下红漆，突然咔嚓一声响，竹扶梯折断了！我从高处摔了下来，浑身粘满油漆，痛得彻骨钻心……

厂里停产这么久，竹扶梯一直放在露天，日晒雨淋，能不断吗？

“棚友”们将我用板车拉了送往医院。医生看看病历，又看看我，就开了点膏药和药水，打发我们回来了。

回来的路上，护送我的“棚友”，忍不住长叹一声后，跺着脚对我说：“我看到你的病历卡右上角有一个记号，显然是牛鬼蛇神的头一个字母，所以医生才会这样冷淡，马马虎虎地敷衍了事，既没有认真检查，又不作负责地处理，根本不把我们当人看待，连救死扶伤也不讲了！”

我只能长叹一声，泪往心里流，不忍气吞声，又能怎样呢？

躺在“牛棚”里，伤口作痛，心更痛得难受。“棚友”们有的为我去打开水，有的帮我买来饭菜，还有的为我换药，对我关爱有加，真情安慰，无私帮助，因为我的处境孤单，家人都不在身边……

在“牛棚”养伤的这些日子，我刻骨铭心！

我想到过了此残生，死是容易的。可是，我现在还不能，不能死得不明不白，被定为“畏罪自杀”、“非正常死亡”，这会给家人造成怎样严重的影响？想到子女，我就心如刀绞，不！我不能再给他们带来新的打击了。

这一切我都没有告诉在上海的亲人，只写过一封平常的信，寄给我最信任的人，说我在桂林一切都如常，请都放心勿念。给我回信时，希望放 4 只糖果在信封里寄给我……这封信寄出后，我盼呀盼呀，好长时间没有收到家信，却惹来了造反派对我的突击审讯……

一位年轻的女大学毕业生，被分配到本车间当助理技术员，她表现得特别地“革命”，对我等打入另册者总是横眉怒目、颐指气使，对我尤为气势汹汹，指手画脚地叫干这干那，而且从不叫我的名字，总是恶狠狠叫我“牛鬼”。

这天，我到车间去领夜班费，她当着车间里好多工人的面，对我大声喝道：“‘牛鬼’！去把那几只氨水桶堆好！”这次我只当没听见，不理她！她又喊了一次，我还是若无其事，她就暴跳如雷了，两手叉腰恶狠狠对我厉声喝道：“‘牛鬼’，你竟敢这样不老实！”

我沉住气说：“本人不姓‘牛’、也不是‘鬼’，不晓得你喊的是哪一个？”

她听了大发雷霆：“你竟敢这样嚣张！警告你，你尾巴不要翘高了，你帽子还拿在群众手里，我们随时可以给你戴上！”

我转而想到，她是鸡蛋里挑骨头，欲加之罪，何患无辞？我只好忍气吞声，咬着嘴唇默默地去把氨水桶堆好，可心里的痛实在难以忍受啊！

我不能不想到：这些在“文化大革命”中到处串连，到过北京在天安门接受过伟大领袖接见，抑或还挥动皮带打伤过自己的父母、老师的人，这些受过造反精神培养的青年人，他们一旦接班了，例如眼前的这位当了车间主任，有的当了厂长，一级一级的，都由造反小将接班掌权了，那将会是怎样的局面？怎样的风气啊？今后他们掌了权，我们这些帽子还拿在他们手里的人，命运会如何呢？不敢想又不能不想啊！

这个总是喊我“牛鬼”的年轻的女大学毕业生，像幽灵似地总跟随着我，我被她压抑得喘不过气来，夜里有时也会噩梦似地惊叫……

春节到了，在大年夜那天，造反派开恩，放“牛棚”里的“牛鬼”们，回家过年，但年初二早上，必须到厂里堆煤场劳动。放我回家过年？我的家在哪里？又怎样过年？我茫然若失地走出“牛棚”，走到厂门口，又迎面碰到了这位女大学生，她这回没叫我“牛鬼”，却朝我投来了冷冷的目光。我一瘸一拐地走出了厂门，走在无边的暮色中，鬼使神差地走向了南溪山。

这里是我以前常来的地方，走在熟悉的路上，却感觉不一样了，此刻正被无形的石头压抑得透不过气来，心想，我死也要死得有尊严，我要爬上山的最高峰，往下一跳，马上就一切都解脱了！下面是人迹罕至的深渊，谁也别想找到我，造反派别想以我是“畏罪自杀”为借口，对我进行“斗尸”……

我独自坐在这寂静无人的地方，连抽了好几支香烟，眼前忽然出现了我一双儿女的哭脸，耳边响着他俩哭喊爸爸的声音，是我把他们带到这个世界来的，现在他们还小，我不能这样不负责任！想到这里，我清醒了些，又想到吴氏兄弟和李氏母子死后的情形，我突然惊叹一声，白死！冤鬼！还害了家属子女！我毅然决定往回走，下山！走着走着，我依稀记起哪位哲人说过大意如下的话：“一个不能承受不幸的人是真正不幸的。”

我是这样一个真正不幸的人吗？不！

天色已晚，我独自来到桂林饭店，在空无一人的餐厅里坐下，要了一点菜和二两酒，独自吃年夜饭。这顿年夜饭的滋味特别难忘，说不清是酸甜苦辣……

走出饭店，夜幕已降，我快步回到宿舍，和衣而卧，但辗转反侧，难以入眠，不禁想到：此时此刻，我家里的人在上海怎样过年呢？儿女可有新衣穿？可有欢笑声？

别无选择，我只能面对现实，一定要活下去！

为人处世不能少了一个“忍”字！有时需要忍耐、忍受、忍气吞声、忍饥挨饿、忍辱负重；在特定环境下，能忍自安！

我用冷水洗脸洗脚，头脑似乎更清醒了，想到儿时过除夕夜的习俗，就换了内衣，虽然不是新的，倒也有些清新的感觉，人也轻松了些，渐渐地进入了梦乡……

信　　步

看书，令我进入与现实处境不同的情景中，是享受。

大年初一早上，我独自在冷冷清清的单身宿舍里，因两位本地的小青年都回家过年去了，倒也有种自由自在的感觉，禁不住轻声哼起了久违了的京剧，还是那么字不正来腔不圆的几句：

“我正在城楼观山景，耳听得城外乱纷纷，旌旗招展空翻影，原来是司马发来的兵……”

唱了这么两句，忽然想到了什么，戛然而止。是啊，此时此刻，左邻右舍也许还在甜美的梦乡，或许正在吃元宵喜迎新春，听到我这样粗声大嗓门唱戏，能不讨厌吗?如果有人报告给厂里的造反派，头头对我采取什么革命行动，那就更有理了，造反有理嘛……

于是，我漫不经心地走出宿舍，走到哪里去呢?怎样消磨这宝贵而孤寂的大年初一呢?

我信马由缰地走向了郊外，不经意间走过了铁道，走进了一片竹林，来到寂无一人之地，这里似乎空气清新多了，走着走着，我感到有种难得的宁静，步履随之轻便多了，心情也明朗起来。走着，走着，竟然情不自禁地发出了声音:

“不管风吹浪打，胜似闲庭信步……”

想来一个闲字，一个信字，令人咀嚼，更耐人寻味!

我在这寂无一人的竹林深处，发现有个小水塘，塘边种有冬青树，附近还有个一小亭子，已呈摇摇欲坠之势，可见此处曾经有人来过，现在荒芜了……

我在这废弃了的亭子附近，时而驻步抚摸竹子、树干，凝神观看，向一枝一叶行注目礼，仿佛枝叶也有情有义，朝我含笑点头了！时而，摘个叶子放在鼻前闻闻，忽然想到，曾在哪里读到过的名言佳句：“树叶没有两片是完全相同的。”说的是有位国王，不相信哲学家的这个说法，差仆人到花园里去寻找两片相同的树叶，结果可想而知……

独自在这竹林里漫步，我简直如入“世外桃源”了，独享美景和清静，实在是难得呵，怎不令人陶醉呵？更加难得的是，这里没有喧嚣的声音，也没有冷漠的目光，有的是竹子对我的列队欢迎，野花给我的扑鼻芳香，毫无例外，毫不犹豫，更无歧视！难能可贵啊！我心旷神怡，久久不舍离去。

从此以后，一有可能，我就会朝郊外走去，来到这片静寂的竹林里，闲庭信步，独享清静。

有次我看到一位头裹白毛巾的妇人，坐在塘边，正在洗濯着什么。忽然一阵风吹来，吹去了这个女人头上包着的毛巾，露出了一颗剃去了半边头发的“阴阳头”，我不禁一怔，而她则惊慌失措地拔脚就跑，很快消失在竹林深处……

我呆愣愣地望着她隐身的方向，想象着她的处境，愧悔自己无意间惊吓了她……

这被剃去了半边头发的“阴阳头”，深刻地印在了我的记忆中，久久难以抹去，时常会在梦中出现她那怪异的形象，醒来还排遣不了为她命运的担忧，不知她后来的遭遇怎么样？只能在心底深处为她祝福，祝愿她平安无事，但马上又会自嘲：你自己都难保平安无事，如今谁能保得了你的平安无事？

在竹林深处面对的是空寂无人的环境，我能暂时无忧无虑地自由自在，随心所欲地在心里自说自话，有时还情不自禁地哼几句久违了的京剧：“我好比南来雁失群飞散，我好比笼中鸟有翅难展……”

有次我正边走边哼着京剧时，忽闻“啪嗒”一声响，循声望去，只见一位男子，正在踢腿伸拳，似乎被我惊犹了，马上停止练拳，转身欲走。

“对不起，打扰你了，请继续，我这就走！”说着，我转身走开。

走不多远，我回头一看，见他又在打太极拳了，打得很好。

我突发奇想：如果能跟他学学太极拳，倒是个好机会，不知人家肯不肯教我？带着这个问号，我离开了竹林。

此后有一次，我在不远处屏声静气地看着这位打拳的陌生人时，他似乎有所察觉，停止打拳，朝我走来，爽朗地说：“怎么，喜欢太极拳？那就来跟我一起练！”

他说话像打拳一样，不拖泥带水，干脆利索。我腼腆地笑笑，说：“谢谢老师肯教我！”

于是，我就跟他学了起来，提手、下蹲……

跟这位陌生的师傅学习太极拳，一直是在言语不多中进行，除了讲太极拳，别的什么都不谈，连相互姓甚名啥，也从不问及。

我跟这位陌生而谦和的师傅，断断续续地学了几个月，受益匪浅。不知何故，他不告而别，不再来竹林打拳了！我不免牵挂在心，他会不会遭遇飞来横祸呢？多么盼望他重新出现在竹林里，继续教我练太极拳呵！

随着时光流逝，我越来越想念这位教我打太极拳的师傅！

后来，我有了重新发表文章的机会后，就此内容写了一篇题为《享受陌生》的小文章。

“解放”

如果进行这项评选，“标语口号大国”当属中国。

有“棚友”说，“从不断更换的标语口号中，就可以知道‘文化大革命’形势的发展变化。”

我笑说：“如果世界范围评选‘标语口号大国’的话，名列榜首的，非中国莫属。”

如今，“抓革命，促生产！”和“革命委员会好”的标语名列前茅，哪句口号写得最多、喊得最响，是一种预示。眼下上述两句口号，是很多的，果然要成立革命委员会了。我所在的工厂也不例外。

在这样的氛围中，“牛棚”里的“棚友”，陆续放回原生产岗位，有的还可以和革命职工一起参加班组学习会，也就是说可以不必再蹲“牛棚”了。虽然我已被通知回三车间原劳动岗位，三班倒烧过热炉，但还不能和工人群众一起开会学习，因为我还没有被“解放”。

“解放”，这是个多么美好而响亮的字眼呵！想当年，我们欢歌载舞迎接中国人民解军进城，劳动人民翻身得解放……现在，我还没有被“解放”？怎样才能获得这次“解放”呢？

车间党支部书记是“三结合”进“革命委员会”领导班子的革命干部，她约我到办公室，同我个别谈话，虽然还不是同志式的，但也不再像对待敌我矛盾性质那样的口气了，严肃中也有理解和期待，她说，厂革委会研究了我的问题：只要我在车间范围内，向职工们作个检查交代，取得同志们的谅解，就可以得到“解放”了。

我能领会到：她没有要我像有的“棚友”那样，要在全厂职工大会上检查交代。这是让我比较容易接受的方案。

在车间职工会上，我作了自我检查，也听取了职工们的意见，可是，个别“文革”中上蹿下跳、被称为“小爬虫”者，对我左一个没改造好的“右派”，右一个“五类分子”，还以警告的语气说：你的帽子还拎在我们群众手里，随时可以给你戴上！

我实在听不下去了，忍不住回了一句：“这拎在群众手里的帽子，谁符合条件就该给谁戴上，实事求是就好！”这样，我被认为态度不够端正，没能一次就得到“解放”。

过后，领导又找我个别谈话，要我在会上态度一定要端正，虚心接受，取得谅解，就能过去，回到群众中来了。

于是，就这样，我获得了“解放”，其标志是可以参加全厂职工大会了。

这次“解放”，虽说也来之不易，但相比之下，是绝对不能同以前的那次相提并论的！然而，我对解放军的感情是一脉相承的，当年，人民解放军为人民打天下，使中国劳动人民翻身得解放。如今，人民解放军进驻我所在的工厂，使厂里逐渐恢复了生产，我也才可能这样得到“解放”！在我心底深处，有着对人民解放军纯朴的感激之情！

自己解放了，还有没解放的“棚友”，如那位被批为“三反分子”的厂长，也是上了年纪的人了，让他烧大锅炉，拉煤清炉碴，成天汗流浃背，总见他胡子拉碴的，苍老多了，我心里就不是滋味，心想他何时才能得“解放”呢？

“解放区的天是明朗的天，解放区的人民好喜欢……”我想起喜迎解放时唱过的这支歌，如今越来越怀念当年这歌声了，这次解放，虽然没兴致欢唱这支歌，但毕竟使我看到了希望……

心　　祭

飘逝的白云为我带去对祖母的无尽哀思。

突然收到电报，我不免胆战心惊：家里又发生什么事了？对我这个屡遭厄运的人来说，这些年一直处在不得安宁的心境中。啊，这是老家四弟伦正发来的电报，告诉我祖母去世了，问我能不能回家乡为祖母送葬？这可使我既无比悲痛又左右为难了啊！

祖母是我最敬爱的亲人！记得我童蒙初开时，村上的婆婆妈妈们异口同声地对我说：你是喝你祖母的瘪奶奶长大的！原来，在我呱呱坠地后没几天，父母之间发生了口角，母亲一气之下回了娘家，嗷嗷待哺的我，就由祖母抚养，她只好喂烧粥时盛起的薄汤，啼哭时祖母就把自己的瘪奶奶塞进婴儿嘴里，开头我吮吸得很起劲，很快发现吸不到乳汁就哇地哭了起来……

在我离家去南京城当学徒之前，整个童年都是跟祖母一起过的，白天跟着她形影不离，晚上听她唱摇篮曲渐渐入睡，稍大了则听她讲故事，祖母讲得最好听的是月亮的故事，有些后来我都写进了文章中……

祖母有双勤劳的手，她是菜农的女儿，种菜十分内行，家里吃的蔬菜全是她在菜园地里种的。稻子收割以后，她总要到稻田去栽几畦大白菜，收割后用来腌咸菜，要吃上大半年呢！记得我和祖母用扁担抬一桶粪肥去浇菜，我人矮，粪桶的绳子总往我这头滑过来，祖母生怕压伤了我，就用力把绳子拉到她那头去，重量都压到她肩上……

我的祖母有颗善良的心，乐于帮助有困难的人。来福大爹浑身生了疮，流浓出血，又没钱医治。他的妻子带着两个女儿离他而去，走得突然，不告而别，不知去向，我的祖母就去照应这孤苦零丁的来福大爹，为他洗擦流脓流血的身体，帮他洗衣服被褥，喂他吃饭、给他喝水……“二娘，你就是我的亲娘，今生今世不能报答你的大恩，要有来世的话，我就是做牛做马也一定要报答你的恩情！”这是来福大爹病重后流着泪对我祖母说的肺腑之言！

我小时候比较顽皮，喜欢到塘里游水，摸鱼捉虾；爱爬到树上，摸鸟窝里蛋，有次不小心摔了下来，跌得不轻，右腿伤得更厉害，一瘸一拐地走路很困难，祖母心疼得一面抚摸一面流泪，将我背回家中。祖父训斥了我一顿，我知道自己错了，忍着不吭声，祖母帮我弄来了一根木棍当拐杖，一瘸一拐地走去上学。好像根本没想到看医生治疗，而是由祖母让我平躺在床上，她双手握着我伤了的脚，用力一拽又马上一送，说是骨头“脱臼”了，接上就会好的。这样一拽一送，痛得我实在忍不住地哇哇大哭大叫，祖母咬咬牙狠狠心，继续进行。神了，我“脱臼”的腿，神奇地接上了，能下地走路了！我怎能不把祖母看作自己最亲的人、最敬爱的人！

祖母这辈子过得不容易，她为这个家庭没少操心劳神，却很少享受，虽然我在短短的“一帆风顺”时间段，请她老人家来到上海，住了短短的一段时间，她还是闲不住，为我们做家务，还剪纸贴画，做工艺品，没过多久，就要回乡下去。祖母生前，我未能尽孝，如今她驾鹤西归了，我应该奔丧，为她老人家送葬！可是……

这时，已是夜深人静，我独自坐在漓江岸畔，沉浸在往事的回忆中，早已泪流满面！祖母的养育之恩未报，我实在对不起她老家人，生不能尽孝，死不能送葬，怎不叫人心如刀绞？我不禁跪下，泣不成声请祖母饶恕：“祖母啊，原谅孙子不孝……”

模糊的泪眼中，我看到了蓝天上有朵白云飘过，那是朵从家乡方向飘过来的白云，是那样的晶莹透亮，那样的形如慈祥老人，慢慢地飘移着、飘移着，好似向我飘来，朝我点头，对我叮嘱……

我看着，想象着，心如刀绞，泪流满面。突然，我发现白云飘逝了，消失了。我大惊，但马上镇静下来，啊，白云飘进了我的心中！

是的，祖母永远活在我的心中！

……1992年的11月，我在《山花》文学杂志上发表了：《飘逝的白云》。

活　　法

人生在世，怎样活法是个问题。

被宣布“解放”以后，我感觉不到和以前比较有多大差别，还是三班制在原生产岗位劳动，下班后有时按通知参加义务劳动，不同于前的是可以参加一般性有关生产方面内容的会议了，关于“文化大革命”以及事关国家政治方面的事，显然还是不能和革命群众一起参与。从最近的宿舍调整，指令性地让我搬出和俞师傅同住的房间，到一个大房间和两个当地的青工一起住，这使我感到不是滋味，我想：今后这日子怎么过……

多年来我养成每天必看报纸的习惯，没钱自费订阅报纸，就到厂门卫室看那两张当地的报纸，实在不解渴，很想看上海的报纸，特别想看与自己写作有过密切关系的《解放日报》、《新民晚报》等，如果有经济能力自订一份，带到宿舍，躺在床上随意翻看，那该多惬意啊。但这是不可能的奢望！

曾经和我同住过一间宿舍的俞师傅，订有一份《解放日报》，让我“借光”也看看，现在分开住了，怎么办？我就动脑筋想办法，和俞师傅商量：“你看过的报纸，我来拿去看，看过以后整理好，按月装订，外加封面，用毛笔写好标示，便于保存，不仅可供随时查阅，还有收藏价值，成年累月积成规模，比方全年、三年五年、八年十年，齐齐整整，一天不缺，那可更有意义和价值啦。”

俞师傅真好，同意了，我这就天天有《解放日报》看了。当俞师傅退休后，从桂林带回上海成箱的《解放日报》合订本，封面上不但有工整的毛笔字写明报名、年月和内容摘要，还有鲜红的“触灵魂文库”印章呢……

每天，上班和参加班后会，10个小时，睡觉以外，一个单身汉的空余时间怎么打发？这是个问题。我的处境情况，有许多不可为、不便为的事情，限制在可能范围内，我该做点什么好呢？选择的结果，我做起了业余木匠，锯子斧头这类的工具都有了，买来了一点旧木料，开始做躺椅——可以折叠的可坐可躺的椅子。好在我同宿舍的两位青工的家都在当地，他们业余时间大都回家去，我在他们睡觉时绝对不干活，以免给他们带来干扰，因而我们相处得很好。我做成的第一只躺椅，我自己细细检验而且试用了，禁不住洋洋得意、自我欣赏，两位同宿舍的舍友也啧啧称赞说："想不到老李还有这一手！"……

我成了业余木匠，做了一只又一只躺椅，一只比一只做得好，首先送俞师傅一只，寄一只到上海送给胞兄，记不清共计做了多少只、送了哪些人？乐在其中，享受的是锯呀刨呀的过程。这木匠活，使我活得充实了许多。

当然，我喜欢和大自然亲密接触，只要一有可能，我就独自走向郊外，走进竹林，走向田野，和素不相识的人攀谈几句，这种与陌生人的交谈，丝毫没有顾忌和戒心，所以后来我写过一篇《喜欢陌生》的小文章，此乃后话。

我主动和一位打太极拳的陌生老人交谈，虚心地跟他学习打太极拳，渐渐地他看我学得认真，就来给我指点，为我示范，使我受益匪浅，为后来坚持练太极拳打下了基础。我爱好游泳，年轻时曾在上海斜桥游泳池某个夏季游泳初级班学习过，如今到了夏日炎炎时，我就到漓江去，在水里手舞足蹈好开心，哪管什么自由泳狗爬式？能在水里不沉就了不起。有次我看到江水中许多孩子在打打闹闹嘻嘻哈哈好开心，我就突发奇想：能不能让自己的宝贝儿子到桂林来过暑假？来一个父子同游漓江……

人活着，无论是男是女，也不论在任何时候任何情况下，都有一个怎样活法的问题。我以前不懂得人生处世的学问，没认真想过这个活法问题，因而活得不顺心，在人生道路上跌了大跟头。吃一堑长一智，我渐渐地感悟到，人活在世界上要顺顺当当的不容易，做怎样的人？怎样才活得有意义？奥斯特洛夫斯基的话总会在我耳畔回响。显而易见，我不可能达到他讲的境界，但我总不甘愿碌碌无为，潜意识中总在要自己尽可能地让生命活得精彩些！

我学习打太极拳，尽可能地去游泳，总喜欢跑图书馆……我记得哪位哲人说过的话：“哀莫大于心死。”看来，我心未死！不是吗？我要用实际行动，用学习和实践，作出自己的回答！借鉴别人的经验教训，必要而且有益！

最　爱

做自己最喜爱的事情，是人生之大幸。

我这个人有多样爱好，对什么好像都感兴趣，也能投身参与其中，无论是打篮球还是游泳，是做木匠还是学英语，我都喜爱却没能一直坚持下去，也就没有学出什么成果，想来这些都不是我的最爱，我的最爱是什么呢？是读书写作！

我最爱读书，却没有书读，一次又一次将心爱的藏书出让（我不愿用那个卖字），如今到图书馆去也借不到我最爱读的书，到新华书店去也买不到我最想读的书，我感到自己有种精神食粮得不到满足的饥渴症！至于与这相关联的最爱写作，1958年以后不再可能，到桂林后的三年困难时期曾被来因同志感动，因而心动手痒写了点不登大雅之堂的小文章，“文革”狂风暴雨一来，被当作“上海来的大右派的大毒草”于十字街头公布于众……啊，我的最爱给我带来了最大灾难，造成了最大痛苦，还给家庭子女带来了难以承受的不幸！可是，我为此而痛苦、愧疚，但却毫不后悔，从未想过放弃我选择的最爱！改变我的最爱！

可是，我却不能尽情表达我的最爱！这痛苦是难以忍受却不得不忍受的，但愿在我有生之年能如愿以偿地爱我之所爱，那可真是我最大幸福啊！

鬼使神差，我劳动之余就会走进图书馆，尽管借不到我希望读到的文学作品，失望而回，下次还会揣着希望再来；同样，我还是常常怀着希望到只有红宝书的新华书店去，失望而回后仍旧会又带着希望再去。冷清清的新华书店，营业员也许太久空闲的缘故，见到我这张熟悉的面孔又来了，就和我搭讪起来，聊几句闲话倒也随和，其中一位坐在店堂门口的营业员，嘴里总叼着一支香烟，好像不是吸烟而只叼在嘴上好玩，已经燃到只剩下一点点“香烟屁股”了，他还衔在嘴里舍不得吐掉。我虽然是个烟龄很长的“老枪”，平时只抽用烟丝自卷的“喇叭烟”，却不忘买包香烟用以和这位营业员交际应酬。这时，我向他递上一支香烟，自己也叼上一支说：“老同志，借个火。”他从老花眼镜上方朝我投来一瞥，见我也是个穿着朴素且上了年纪的人，就接过香烟叼在嘴里，并同我接上了火……

从此，我和这位书店营业员相识相知，原来他是个有点“历史问题”的人，他所以坐在书店门口，是因为他不适合经营红宝书了，让他看管堆放“四旧”书籍的仓库。

这仓库里面有许多破“四旧”和“抄家”成风时弄到这里来的“毒草”书籍。我和这位营业员渐渐熟了，有次他让我跟着他一起进了书库，只见堆得像小山一般的全是书！大都破旧了，很多还是线装的……

我主动和这位老营业员交朋友，也不全是靠香烟搭桥铺路，不，我们可谓是“心有灵犀一点通”，他也许窥见了我的心思、我的所爱，在店堂里的营业员都去闲聊时，他让我进入旧书库，不，是让我进了宝库！扑鼻而来的是一股难闻的霉味，而一本本世界文学名著已展现在我面前，托尔斯泰、契诃夫、巴金……久违了的文学大家的名字多么亲切！《红与黑》、《红楼梦》、《家》……世界文学名著被糟蹋成这样！我呆住了，实在说不清自己是怎样的心情！

我随手拿起一本翻阅，记得是卢梭写的《忏悔录》，看着看着，我不知不觉地被吸引，直到背后有人轻轻拍了我一下肩膀，猛回头才看到是老营业员，他对我说：“你该回去吃饭了。”我从阅读的痴迷中猛醒过来，朝这位善解人意的老营业员投去感激的目光后，恋恋不舍地离开了这特别的书库。

像被什么无形的绳索牵着，过了两天我又去了这家门可罗雀的新华书店，照例在这位老营业员的默许下，进入堆积如山的书库，如饥似渴地翻阅被当“毒草”打入冷宫似的书籍。如此这般地过去个把月，有次我正看得入迷时，老营业员走进书库来提醒过书店要关门他要下班了，见我手里捧着书还舍不得放下的样子，就轻声说：那你带回去看吧，但千万别让任何人看见！我感激地点点头，将一本书收藏在随身带的旧布包里，走出了书库。

我想到孔乙己所说的话，读书人的事，不能算偷。

坦白讲，我这样“带”出书库、藏在自己宿舍里的好书，不只一本，是买也无法买到的所谓“大毒草”啊！这些书陪伴着我，随时供我翻阅，可谓我的至亲至爱，我的宝贝！当然，严酷的生活现实，教我知道要懂得自我防护，俗话说得对：害人之心不可有，防人之心不可无。我将这些被误判为“毒草”的好书，严密地收藏起来，确保安全，不让任何人知道。

遗憾的是，没过多久，这位老营业员就突然不见了，我们之间连个姓甚名啥也没相互告知，也许这正是当时政治环境使然，双方有意而为之的默契，以求提升安全系数。他的不告而别，使我于心不安，担心他的身体安康，更担心他的安全！但愿能再见到他，却一直没能如愿，随着时间推移，我越来越想念这位看守旧书库的朋友……

舐　犊

人应该比牛更懂得舐犊情深。

我在下放农村劳动期间，看到过母牛生小牛的情形，母牛对刚从自己肚子里出来的小牛犊，深情地舔着、舔着，那母牛舐犊的情景，令我的心灵受到震撼，久久难以忘怀。我很早就开始自我牛化，采用耕夫为笔名，应该更懂得舐犊之情，也就更感到内疚：将一双儿女带到这个世界来了以后不久，我就因犯了严重的政治错误，下放到郊区农村，继而又远去他乡，不能尽到作为父亲应尽的责任！我和孩子分居两地的日子太多了，亲密接触的机会更是少得可怜，但在梦中相会的时间倒不少，梦醒后的思念更令我揪心、伤心，泪水盈盈！

我一直在想着如何弥补这个人生的缺憾，写信，但很有限，带点小玩具、小食品给孩子们，如给他们带去两个柚子，虽能带给他俩暂时的开心，但缺憾更多。对两个天真纯朴的孩子，一想起来我就深感愧疚，能有什么弥补的办法呢?

让儿子玲玲在暑假期间到桂林来吧,和我同吃同住同玩,特别是同游漓江,教他学游泳。对了,从小学会游泳太重要了,这不但有益身心健康,而且……我发现自己又陷入了漫无边际的想象中了,赶快回到现实中来:钱,哪里来?火车票可以凭证明,学生优待半价,但也要一笔钱呀!吃饭和我一起在食堂买来,游泳在漓江不必花钱,只是安全一定要当心……

记得我在火车站接儿子玲玲时的心情,还真找不到恰当的字眼来形容。我第一个走进夜幕下的车站月台,等候从上海开来的旅客列车,在站台踱来踱去,随着车轮驶过铁轨的声音由低渐高、由远渐近,我的心情也紧张了起来,忽然想到只知儿子乘这趟火车却不知在哪节车厢?这……我赶快来到火车头停的地方,待火车停稳开始下客了,就手举报纸卷,向后边走边喊:“玲玲!玲玲!”唯恐玲儿过了站,甚为紧张!

总算顺利地接到了心爱的宝贝儿子!他一声“爸爸”,喊得我心里甜滋滋的,这是对为人父者的最高奖赏也。

在昏暗灯光下,急切地看我的儿子,长高些了吧?瘦削的脸营养不够吧?个子高多了,长得有些像我,可千万不要像我啊……

儿子小时候就很喜欢小动物,我煞费苦心,为儿子买了一只小鸡，让他喂养着，让他好玩，等长大些了，儿子临回上海时，杀了给儿子补补身体！我把这想法一说，儿子很开心，我马上就去买了个小鸡仔。

儿子喜欢游泳，小时候曾经和邻居家的孩子一起，乘轮渡到浦东去游泳，很晚不回，他母亲不知急得如何是好？只怕万一……我因避险回到上海，时值盛夏，还带他到浦东在黄浦江里游泳……这次，我要尽可能多陪儿子到漓江游泳，和儿子亲密接近，教会他游泳，适当和他谈谈做人的APC。特别值得一提的是，厂里机修车间的一位青工，广西山区来的，喜爱看书，常主动到我住处来同我聊天，自然谈到鲁迅和先生的作品……当他看到我和儿子去漓江游泳，就主动为我们做了一只用废旧汽车轮胎改制的游泳救生圈……

儿子看到我从农民那里买来烟叶，请人家加工切成烟丝，用纸条裹了成“喇叭烟”，抽了过瘾也常呛咳，就去街上买了烟叶，代加工成烟丝，用一个木制土卷烟机，为我卷成一支支几可乱真的香烟……我抽着儿子卷的香烟，有时还向同厂的师傅递上一支说：喏，这是我儿子为我卷的烟！口气中不无自豪和得意！

儿子毕竟处在长身体长知识的年龄，对什么事物都好奇，这正是求知欲的流露。我要趁这次难得机会，尽量陪他多走走多看看，叠彩山、七星岩、象鼻山等风景区都要带他去参观，和我有着不少瓜葛的广西师院独秀峰、榕湖畔的图书馆，我都要陪他去走马看花……我还在夜班过后“倒班”的休息日，陪儿子到郊区柘木乡等处，让他亲身感受桂北山乡僮族同胞的生产、生活情景。记得这天我俩各骑一辆借来的自行车去郊游，还买回了竹躺椅和一些土特产，准备让他带回上海！

这天下班后，我和儿子一起上街，想买点什么带回家，给我的女儿敏敏买啥呢？走着走着，我和我的儿子勾肩搭背，不禁唱了起来：“我俩就像一对亲兄弟，一对亲兄弟……”

儿子很喜欢他养的这只小鸡，长得越来越可爱了，特别是这小鸡很有灵性，恋窝，每天早上，儿子将小鸡从三楼的阳台放下去，它扑腾着翅膀飞去，安全着地寻找食物，也与同类和睦相处，更奇的是它能自己回来，每到傍晚时，它会从楼梯一格一格地跳上来，直到三楼它的家，从来没有走错门！即使舍不得，我还是咬牙按计划将这只母鸡宰了，煨汤，让儿子补补身体，还在里面放了些中草药，让他一个人吃了。儿子吃得有滋有味，我心里乐滋滋的。儿子一再要我也吃一点，我坚持要他一个人吃，理由是这样吃全鸡才补身体。想不到他吃了以后，很快上火，嘴唇都发红了……

儿子离桂林回上海时，我的心里像打翻了五味瓶，说不清是怎样的滋味，临别时我真想喊他一声，对他说：儿子，你不要像我！但愿也不会像我！你一定要走好自己的人生道路啊……

站在月台上等火车，我再三叮嘱儿子要有志向，要争气……连自己也觉得过于啰嗦了，就不再说话，目光注视着儿子，传达的是难以言喻的期盼和寄托……

车轮滚动的声音由远而近、由低而高，喘嘘嘘地进了站。儿子上了火车后从车窗探出头来向我挥手告别，我呆呆地望着他，列车启动，渐渐驶去，我的眼泪再也不听指挥地涌了出来！

望着飞驶而去的火车，我默默地祝愿："我的好儿子啊，但愿你的人生之旅顺顺当当，决不要像我啊！"

希望寄托在儿女身上！

企　　盼

心底深处总藏着一种企盼，生活才有驱动力。

其实，我并不是一个只知道家长里短、儿女情长的人！看似成天少言寡语，不关心政治，只顾埋头劳动的我，却一直在关注着国家变幻不定的政治风云，关心着人民群众的生活变化，内心的焦虑是难以言表的啊！

承蒙俞师傅体谅和照顾，每天将他看过的《解放日报》，留给我这个没力量订阅却又想及时看到报纸的人，让我能有限地了解全国包括上海的情况！他这样长年累月、不厌其烦地帮助我，实属难能可贵。在桂林市榕湖畔的广西僮族自治区第一图书馆，与我结下了不解之缘，是我经常去的地方，因为在这里可以看到中央和各地方的多种报纸，了解各种信息和时事动态，尽管当时有“凡报都登统发稿，千张报纸一个面孔。”之说，但报纸毕竟还是政治时事的晴雨表，我不得不天天看看！

只用眼看，不张嘴讲，但用心记、用脑想，这是我当时对自己的不成文规定。唐山发生了大地震，几十万同胞遭此大难，我的心怎能不被震痛？报纸上的消息有限，口耳相传的新闻倒听到一些，我独自在心里为死难同胞默哀！

当然，我最敏感的是与自己命运前途有关的信息，像《人民日报》副刊发表陆文夫同志的小说《葛师傅》，我会敏锐地感到这是一个信号，曾经的“右派分子”作家又有发表作品的权利了？我仿佛看到了曙光，我多么企盼着能看到更多这样的信息啊！

周恩来总理不幸逝世，随后又有两位国家领导人相继去世，我在心中默默哀悼，因而到图书馆看报纸的时间更多，不但像往常一样只要看一张中央级的、一张省市级的就可以了，而且还要看看《光明日报》、《文汇报》等，企盼了解更多有关信息。

一举粉碎“四人帮”，这实在是大快人心之事，我难抑又惊又喜之情，当然是不喜形于色的心喜。我暗自想到，中国的政治形势可能会有大变，肯定将会变得好些、再好些！但我还是按时上班、默默地劳动，一如既往地决不谈及政治和形势。

1978年5月11日，《光明日报》发表特约评论员文章：《实践是检验真理的唯一标准》，新华社很快转发，各大报纸纷纷转载，引发了一场关于“真理标准”问题的举国大讨论，我虽然没有发言权，可从内心为这样的讨论而拍手叫好。

1978年12月18日至22日，在北京举行的中国共产党十一届三中全会，举国关注，人们充满期待。全会胜利闭幕，公报发表了，我拿到报纸一口气连读了好几遍，其中思想路线方面的“拨乱反正”、停止使用“以阶级斗争为纲”、要系统清理重大历史是非……种种新的提法和新的措词，大大超过了我所能预料和所期盼的范围，怎能不令我发自内心地拥护！

我受到了一种难以名状的鼓舞，曾经有过的今生今世难以说清问题的无望和悲观情绪，被充满阳光和信心的企盼所代替，相信随着十一届三中全会正确路线的贯彻落实，真正做到“实事求是，有错必纠”，我的“右派”问题，就一定会得到解决！

命运，有望得到改变了吧？当然不只是个人，而是我们的国家、民族的命运有望改观了，因而包括我在内的50多万同样遭遇的个人命运，也有望得到改观了吧？我想，这可是大事啊，绝不会只是我个人的希望而已……

这天的晚饭，我买了二两三花酒，在食堂比平时多要了一块排骨，独自在宿舍里嗞儿咂儿地喝起来，其味无穷……

希　　望

心底深处怀有希望，生活才有了动力。

我读了中国共产党第十一届三中全会的公报，看到了希望，受到了鼓舞，犹如面对东方初露的曙光，自然会想到这预示了晴天和温暖，祖国和人民有了转折的好兆头，我也有了前途光明的盼头！

这段时间，我看报纸的积极性和敏感性更高了，当然是出于对国家形势和变化的关心，对自己政治问题有望解决的关注，我懂得个人的命运和前途，是和国家的形势分不开的呵！说心里话，我从未忘记过自己的“右派”问题，一直在盼望着会出现转机，可是，在那以阶级斗争为纲、阶级斗争要天天讲的形势下，阶级斗争的弦越绷越紧，我怎敢痴心妄想？更不敢轻举妄动！如今形势不同了，正在“把被四人帮颠倒了的干部路线是非纠正过来”，这无疑是令人鼓舞、深得人心的好消息。但对我来说，不能不想到：是不是只限于“被四人帮颠倒了的干部路线”这个范围呢？此前的反右和历次政治运动，是否会也在纠正之列呢？

就在这时，我在图书馆看报时，有位和我仅有点头之交的书友，在闲聊时谈到一个消息，他听到一个传闻，说是党中央专门下发了一个内部文件，内容是专门解决1957年反右派问题的，据传是1978年9月17日下发的，称“五十五号”文件，但具体内容却不大清楚。

这个信息使我激动不已，彻夜未眠……

不言而喻，这个信息对我来说实在是太重要了！可是，这“五十五号”文件的具体内容我无从了解，这关系到我们这些人命运前途的“五十五号”文件，到哪里才能打听得到呢？这可不是随便好打听的呀！我在桂林尽管已经生活了18个年头，但接触的都是一起上班的工人，食堂的炊事员，还有就是图书馆工作人员、医院的医生，不便去问也问不出什么来的。我忽然想到来因同志和她的军官丈夫，他们曾经给予过我难能可贵的信任和关心。可是，这个政治敏感问题，我能去问他们吗？这不是为难人家吗？看来，他们是能打听到“五十五号”文件内容的人，但我却不应前去打听，因为我不应该去使人家为难，军队领导干部是最讲组织性纪律性的，他们怎么会随便向我透露内部文件的内容呢？

我反复思虑，想到只有回上海去一趟，因为是在上海给我戴的这“右派”分子帽子。解铃还需系铃人！我的案子发生在上海，就是改正，也要到上海去才能办理！到上海去拜访以前的老领导、老同事，也许能了解到这个事关几十万人政治命运的文件精神，明白我应该怎么办？

于是，我毅然决定，申请探亲假，回上海去打听打听！

车间和厂部领导很爽快地批准了我的探亲假，我毫不停顿就登上了开往上海的火车……

回到家里，见妻子苍老多了，女儿正是青春年华却显得与年龄不相称的瘦弱，被分配在汽修厂做油漆工，她不嫌脏不怕累且不怕有害气味，倒为能挣点钱帮家里克服困难而感到满足。儿子则去了崇明农场务农，很少回上海。我心想抽空去那里看看他。

想到这一双儿女，我心痛难忍，我给他俩带来的伤害太多、太重、时间太长了！他们年幼无知却被人家骂“小右派”，受了欺侮回到家里只有哭！可是，两个孩子非常争气，对自己要求严格，学习认真，处处表现好，一次又一次地申请入团，一直坚持积极向上，经过重重考验，先后都成为共青团员，多么不容易啊！我给他俩造成了不应由他们承担的后果，实在对不起他们！想到这，我心痛难受！

到了上海，向谁去打听这“五十五号”文件的内容呢？二十多年了，原来的领导和同事都断绝了来往，原工作单位现在的领导和工作人员我都不认识，找谁呢？谁都不好找，找谁都不合适！我为此陷入了莫名的苦恼中……

强烈的愿望像一双无形而有力的手，将我推向了机关的门口，站在机关大门对面的人行道上，看着进出机关的人们，我真希望能看到一位认识而又仍在里面办公的同志啊……

可是，没有，等了半天，也没有见到一位熟识的人！

门　　口

门口的风景精彩纷呈，变化无穷，是最耐看的。

我在机关门口没能等到认识的老同事、老领导，经过反复而慎重的考虑，我决定回家，明天到机关党委和团区委去走访，自认为这样的选择是比较恰当的。

我走进机关大门，向门卫说明来意，给我放行。到团区委，接待的同志告诉我：是有这方面的一个文件，并讲了“五十五号”文件大致精神，建议我写一个关于错划“右派”问题的书面报告，相信定会得到妥善解决的……

我深受鼓舞，倍增信心。我坚信实践是检验真理的唯一标准的理论效应，坚信实事求是和拨乱反正的威力，于是进一步解除了顾虑，鼓足了勇气，写了申诉书，自己送到团区委机关去！

递交申诉书的脚步是沉重而缓慢的，到了机关门口下意识地摸摸口袋里的申诉书还有些迟疑，我站在机关大门对面，注视门口的景象。

机关门口的景象丰富多彩，变化不定。各种各样的人进进出出，各式各样的车来来往往，是独特而又流动着的窗口，很有看头，且耐人寻味。

这里是上海老城厢地区陆家浜路上的区级机关，高高的围墙，南市区党政机关都在里面办公，大门口两侧挂着大牌子，中共上海市南市区委牌子是白底红字，区人大、区政府和区人民武装部的牌子是白底黑字，都显得庄重严肃。即使门口没有值勤的警卫人员，人们也不会随便走进去，只有在这里办公的机关工作人员，进出随便。

那是1979年春节前一个艳阳普照的日子，我满怀信心却又有几分忐忑不安，走向这既熟悉又陌生的机关门口。想到昨天去某单位找人，接待的同志朝我上下打量了半天，而后朝里面喊道："某某，有个乡下人来找你！"我在人家眼里成了乡下人？是啊，离开上海这么多年，如今重新返沪，漫长岁月能不把我打磨成乡下人？又黑又瘦且衣着陈旧，在上海人眼里自然是乡下人了。我想，乡下人就乡下人，乡下人有什么不好？但我还是下意识地整了整衣衫，放慢了脚步，抬眼望了望大门两旁的大牌子，摸了摸口袋里揣着的申诉书，免不了有几分迟疑：这次申诉，能顺利解决问题吗？不会反而带来什么……

然而，勇气和信心鼓励着我，这是"实践是检验真理的唯一标准”大讨论和“拨乱反正”给予我的力量。我没有站在门外多犹豫、徘徊，就径直走进了大门，对值勤的门卫同志说：“我到团区委有事，送交申诉书。”想不到这位同志一听，就客气地放行了。

这机关大门口的值勤人员，我是多次见过的，说不清是一种怎样的感觉？19年前，我曾经几次出入这机关大门，为的是办理行政关系转到工厂，随厂迁往桂林，因为我妻子是工厂工人。记得我办好手续走出大门时，回头望了又望，心想，别了，自进机关以来的风风雨雨，像电影的镜头一一闪过，这次有依恋之情，也许以后再也不会走进这个门口了！

可是，后来，我曾经几次来到这机关门口，像个过路人似的，朝里望一眼，说不清是希望碰到熟人还是生怕遇见熟人，就马上离去了。记得有年我好不容易才争取到回上海探亲，路过这门口时，免不了放慢脚步朝里张望，正巧看到一位熟识的干部，我差点没喊出声来。他显然也看到了我，但却马上扭过头朝里走了。我完全理解这位干部，这其实也是我所希望的，不然的话，于我于他都只会带来不必要的尴尬，或许还会增加麻烦，多一事不如少一事……

最难忘的是，因为妻子生病住院，经医院证明，厂里给她以因病退职处理了，我作为随厂外迁的家属，已经没有随同迁去的根据，厂里表示只要原单位接受，可以让我退回去。何况一个人独自在外地劳动，确有困难。有次我回上海探亲，来到这机关门口，想进去找原单位的领导同志，反映自己家庭的处境困难，寻求指导和帮助，想不到却被拒之于门外，不让进入，理由是正在学习最新最高指示，不予接待。正当我想申述一下理由时，管门的那个带红袖套的人厉声对我嚷嚷：走开！走开！说时迟那时快，一辆小轿车驶进了大门，门卫举手招呼轿车驶进里面去了！

这是不该淡忘的“十年浩劫”时期，机关门口常见的一幕。

如今我真幸运，来到面貌一新的机关门口，门卫同志向我问明了事由，客气地放行了；进门后我很快找到了团区委办公室，受到热情接待，让座，请茶。一位施同志接过我的申诉书，听了我的口头申述，当即表示：一定会按中央五十五号文件精神，就我申诉的1958年划为右派的问题，认真复查，一定正确处理，再三叫我放心。这和以前相比，真有天壤之别，使我深感拨乱反正以来的变化，与以往根本不能同日而语了！

更令我感动的是，没过几天，团区委的施、陈两位同志，来到我家访问，嘘寒问暖，亲切自然，我仿佛又回到了21年前，回到了同志们中间，回到了革命大家庭里！这两位同志明确地告诉我，看了我的申诉书，又看了我的全部档案材料，一定尽快给予办理改正的手续！他俩热情诚恳的态度，让我热泪盈眶。

没过几天，这两位团区委干部又来到我家，慎重地向我传达了有关错划“右派”改正的决定，并告诉我说，撤销以前对我的处分决定，恢复我的党籍，恢复我的工作，恢复我的工资级别，调我回上海在原机关安排适当工作！

“我要补交党费！”当即，我脱口而出地说了这句话，这些都是我 21 年来所梦寐以求的，一下子成为事实，而且是这样干脆又爽快，倒使我反而有些不能马上适应了！想说的话很多，一时不知从哪里说起，就提出了这样一点要求。

施同志让我到桂林去一趟，在当地办理好各项手续，包括补交党费，转接党组织关系，而后马上回上海，到机关来报到，分配新的工作……

当我握别施同志时，心情、神情，说来一言难尽，如果不是拨乱反正，没有“实践是检验一切的唯一标准”的大讨论，像我这样的问题能如此顺利地得到解决吗？我于是想到了陆文夫、刘绍棠、王蒙，想到了阿章、老金、老孙……他们的命运，也一定会得到改观了吧？

今后，我将又是机关大门里的一名工作人员了，心想：决不把人民政府当衙门，一定要做一个真正全心全意为人民服务的公仆！

改　　正

四两拨千斤，“拨乱反正”其力无穷。

我又坐上了开往广西桂林的列车，面对窗外飞速后退的风景，耳听车轮滚动在轨道的声响，我思绪绵延，想到1960年5月3日，第一次乘上这趟火车去桂林的情景，女儿敏敏在车站哭着喊着：“我要爸爸！我要爸爸！”的凄惶之声，又回响在我的耳畔……

这19个年头，我在这趟列车上来来回回记不清有多少次，每次的境遇和心情是不同的，但基调却很相似，大都免不了愁眉难展、焦虑不安，这样的人生旅程，总算到了画上句号的时候了，怎能不由衷地感谢真理标准问题大讨论？怎能不真心实意地感谢拨乱反正？怎能不由衷感谢三中全会……

到桂林后的第二天早上，我像往常一样，一手端着钢盅馍子，一手拿着个热水瓶，到厂里去上班。这样的日子我过了十几年，今天是最后一次了吗？想到这，心里五味杂陈，但有一点特别撞击着我的心灵：厂里的工人师傅对我的理解和关心照顾，特别是那天晚上有红卫兵来抓我，如果不是工人们保护了我，那……我由衷感激他们，永志不忘！

来到车间，我照例向主任报到。主任笑容可掬地说："你不要换工作服了，等会儿去厂党委办手续去吧，我们都为你高兴！"

但我还是来到我所在的生产小组，怀着一种难以言喻的感情，和工人师傅们一一打了招呼，表示了感谢，才去厂部办手续。

手续办得很顺利，可见上海方面的文件已经到了。"你去桂林市委办理党籍转移手续，介绍信自己带去，回到上海报到时，将组织关系接上。"久违了的党内同志的口气，让我感慨多多！我顿时想到自己入党时的情景，想到被开除党籍时自己的心情，想到这 21 年，在党外过着特殊生活的漫长日子，我实在感慨万千，一时不知说什么好，但我还是马上响亮地说："我要补交党费，从 1958 年元月补起，一直补交到现在，统统都要补交！"说着，我双手奉上了准备好的钞票，这是一个共产党人一颗不变的心！

是的，这是变中的不变。尽管环境、处境有变，但不变的是我的志向和追求：当年立志为人民服务的志向，任何情况下都不弃不离，尽可能地为人民做点有益的事情，因而在离开浦东农村时，有阿林婶婶等人送我到黄浦江边南码头；在离开桂林时，有20多位工人师傅深夜到火车站送行；变的是：这20来年戴帽和摘帽，我最痛苦的是：不能以共产党员身份为人民服务……今后，我要时刻牢记，共产党员就应该全心全为人民服务！

“这……”她望望这叠钞票，又望望一脸严肃的我，收下了。并给我开具了补交党费的收据。

同时开给我的，还有转接党的组织关系的介绍信。

我在走向中共桂林市委的路上，想到“拨乱反正”、“错划”、“改正”，这些含义独特而丰富的字眼，感慨万千。执政的中国共产党，能这样自己有针对性地提出“坚持实事求是”、“拨乱反正”，勇于承认以往的错误，态度明朗而坚决地切实予以改正，这是一种怎样的胸襟和气魄？就我所知，古今中外，没有一个大权在握的执政党，能如此公开承认错误并切实予以改正！这真是一种难能可贵的“史无前例”啊！我愿意做一名这样的共产党的党员，延续自己本已确定的生活志向，做一个为人民服务的孺子牛！

来到榕湖畔的中共桂林市委机关，顺利地办好了党籍转接手续，走出这第一次肯定也是最后一次来到的桂林市委机关大门，想到对面就是与我有着不解之缘的广西僮族自治区第一图书馆，那里有我心爱的书，有我敬重的图书馆管理人员，怎能不去告别呢?

遗憾的是我没能见到那位善解人意的老年女馆员，也就不便提出我想提的要求：让我再看看自己“转让”给图书馆的那些心爱的书！我只好在心里默默地和我心爱的书告别，向图书馆老馆员致意，祝她身体健康!

离开图书馆时，我一再驻步回首，久久地向这座不寻常的建筑致注目礼!

感　　恩

幸遇好心之人给予帮助，感激之情永志不忘。

我就要离开桂林回上海了，毕竟是生活了19个年头的地方，而且是自己生命历程中负载着不能承受之重的19年，何止是依依不舍？更有万千感慨，特别想到，临走前，一定要去谢谢向我伸出过热情的手、给过我关爱的人，表达我的由衷感激！

鲁师傅是我来到桂林后的第一位恩师，当时他是片剂车间颗粒组的组长，手把手地教我这个超龄的学徒，热情而耐心地教我学会生产操作，特别是配料比和拌匀等技术，还在思想和生活方面关心我！一开始我就坦诚地向他讲明了自己的历史情况，他显然难以理解，对我并没有表示什么。过了一段时间，他也许对我的为人有所了解了，开始对我比较自然和亲切了。特别难忘的是，在我被关在“牛棚”不能回家过春节时，鲁师傅在厂门口等了好久，等我出来去食堂买饭菜时，凑过来对我附耳轻声说：“到我家吃饭去！”我有些迟疑，他却坚决地说：“走，没事的，你放心好了！”我就跟去他家，吃了一顿特别难忘的年夜饭。我后来为他写了篇文章《心香一炷》发表在《解放日报》副刊上，寄托了我的真情……

老俞师傅被大家敬称为“柏年先生”，这是因为他不仅文质彬彬，而且确实知书达理。我则称呼他为“柏年哥”，我俩情同手足。有段时间我俩同住一室，朝夕相处且形影相随，更重要的是我们互不设防，能无话不谈。在三年困难时期，我有一段时间能发表文章，两人曾经合作写写小文章，由我建议用了“余兴”这个笔名，是用我们两个人姓名中一头一尾两个字的同音字。

令人难忘的是，有年春节前夕，看到我还是穿着旧轮胎做的凉鞋，第二天，他拿来一双新布鞋，说还是他老岳母为他缝的，嫌小，轧脚，一直放着，要送给我穿，让我试试可合脚！我试了，不很合脚，但我接受了下来，心想穿穿会好的。这双布鞋温暖了我的心，后来写《鞋子的故事》作了记叙……

小曾是位家在桂林的青年工人，和另一位也是当地的青工与我住在一间集体宿舍，有关领导这样安排的良苦用心，怎么理解都可以。我和这两位当地青工朝夕相见，从陌生到相识，从仅点头而已到随便交谈，直到他们对我并无戒心甚而至于关心照顾，使我深怀感激。

特别是小曾，熟识后，他经常叫我一起去他家玩，和他的父母兄弟一起吃饭，仿佛成了他家的一员，这使我深受感动！一颗孤寂的心于是被人间真情温暖了！我向他们告别时的心情，实在难以言表！

老高是从上海随厂迁去的工会主席，他甘冒政治风险，关心帮助解决我家的经济困难，还解囊相助；特别是在武斗期间，是他主动支持并帮助我回上海避难，否则我一个人留在停产停伙了的厂里，后果不堪设想！在当时的特殊形势和环境下，老高对我的帮助，实在是无私无畏，难能可贵，我再怎么感激他也不为过，再怎么报答他也嫌不够，可我对他什么也没有报答，而他却根本没想到这些……

我要感激的人实在太多，如我被关在“牛棚”里天天跪在领袖像前早请罪、晚汇报，膝盖跪破出血发炎肿得化脓，不知哪位好心人，扔给我药膏和纱布等，我只能永远铭记在心，祝好心人有好报！

满生哥是我们三车间威望很高的上海师傅，他技术好人缘好，很受尊敬。他对我知根知底后，对我这孤身一人远在千里之外的不快乐的单身汉，每到星期假日，他总是热情地叫我到他家去玩，体贴入微地关心照顾，有时他去河里摸来新鲜螺蛳，一定要和我喝杯三花酒……

好人并不一定能有好报，也不见得都会一生平安。满生哥在我这次回沪办理改正手续期间生病住进医院，当我办理好了改正、恢复手续，从上海来到桂林，得知满生哥不治身亡，我简直不敢相信这是真的。我让满生哥的儿子领我来到墓地，在满生哥的新坟前跪下，磕头，默默地回忆着他的待人处事，他热诚无私地关心照顾我的种种情景，历历在目，泪水再也忍不住地直流，“满生哥，你怎么就这样走了啊……”

……

我乘的开往上海的火车，晚上10点多钟才经过桂林南站。这趟火车我乘过多次，非常熟悉，以往在这站台上候车的情景和心境，此刻又历历如在目前！今非昔比，今次我离开生活了19个年头的桂林，说不清是一种怎样的心情？

二十多位前来为我送行的工人师傅，个个都是有恩于我的好人，都怀揣一颗善良的心。我连连向他们说谢谢，也表达不尽我的感激之情呵！我劝他们回去，没用。我请他们有便来上海，都说好。他们异口同声地祝贺我终于盼到了这一天，祝我今后一帆风顺！

列车徐徐离开桂林南站了，我从窗口探出头去并挥手向送别的师傅致意时，再也禁不住地热泪盈眶，这是感恩的热泪……

记　　忆

人的记忆有局限，哪些可以淡忘哪些应该牢记却不能含糊。

我于 1979 年 4 月 8 日回到上海，及时到机关报到，呈交了有关的组织之间转接关系的介绍信件。接待的同志很热情，叫我在家休息休息，什么时候上班？会来通知的。

就在回到上海不久，我接到的第一张会议通知，是刘某同志的追悼会，当然是补开的落实政策性质的追悼会。

刘某不在了？他……我不禁一惊，往事就清晰地映现在眼前：

当年，在嵩山区团工委工作的都是些初出茅庐的年青干部，热情单纯，无忧无虑，相互亲密无间，在一起说说笑笑，无拘无束，公认为是人际关系最好的时期。刘某是读过大学的高材生，能歌善舞，英俊潇洒，备受姑娘们关注，很快和本机关的一位女同事喜结良缘，记得结婚那天，我和同志们一起去闹新房……那喜庆欢乐的情景，如今想来还历历在目！他，他怎么就去了另一个世界了？

啊，实在不可思议，原来这个书生气十足的男子，在被戴上“右派分子”帽子受到开除党籍等处分后，让他到郊县某养猪场劳动改造，据说他总是战战兢兢地生怕犯错，有时担心小猪着凉，会将自己的衣物盖到小猪身上。他最难以承受的是：到市区的街头去收集缸里的泔脚，拉回猪棚当饲料。他戴上大口罩、大草帽，尽可能将自己遮掩起来，碰到熟人不会被认出来！可是这样度日如年地过不多久，他忽然失踪了，寻寻觅觅，想不到在附近的水井里发现了他的尸体……

我参加这个追悼会的情景不必细赘。没见到他早已离婚的前妻和他的一双女儿，是尤为令人心酸的……

参加刘某的追悼会后，我心潮起伏，久久难以平静，想到这在中国的历史上倒是史无前例的，一个执政党能如此公开地勇于拨乱反正，坚决地落实政策，实在难能可贵！这正是中国共产党光明磊落伟大之所在，相信这样的精神一定会在今后发扬光大！

神思恍惚、浮想联翩中，我想到自己不幸中还算幸运的，能幸存下来就是万幸。虽然我也曾遇到过一些势利小人和心术不正之徒，但更多的是得到了好心人以不同方式的理解和帮助，我深深感激他们！我要永远铭记于心！与此同时，我当然也需要一种淡忘，有意识地忘记那些应该忘记的人和事！

忽然想到当年执行任务领导批斗和处分我们的人，就像给刘某同志戴帽、开除等处分的人一样，如今他们会有怎样的感触和心境呢？其实，这些原本都是好同志，都是执行者，能全怪他们吗？不！现在他们也许会感到内疚、后悔，或许会在自我承受着压力，他们也需要理解和谅解，特别是我们这些当事人对他们的理解和谅解！于是，我和同样经受这一历史遭遇的同志商定，主动到当年直接处分我们的领导和同志的家中去拜望。

这样的登门拜访，开始时他们难免有些突兀和不自然，但很快就像久别重逢的老同事，有了轻松愉快的氛围，交谈中我们都对党的十一届三中全会精神、实事求是、拨乱反正、落实政策等，交口称赞，对他们都像老同事一样自然亲切……

但愿我们这次主动上门拜会的记忆，能改变或开始部分改变这些同志当年所留下的记忆。

当然，我们通过这样的主动登门拜访，也进一步调整了自己当年留下的历史记忆。

然而，有的记忆不是改变和调整的问题，而是随着时间的推移，越来越清晰，越来越深刻。我在桂林生活这么多年留下的记忆，由于太深刻了，随着年岁的增长，却越来越鲜明，至今我还常常会梦回当年，陷入回顾和沉思中……

人们啊，切记不能淡忘了应该永远记取的记忆！

选　择

人生有许多选择的机会，关键的一次往往决定成败。

到中共上海市南市区委组织部报到后，部里的领导同志关心地对我说，你刚回到上海，先把行李啊家务事啊等处理好，休息休息，上班的问题我们研究后会通知你的。

我连连点头表示理解，谢谢关心。

久别重逢的亲友同事，对我改正了、回上海了，都热情关心。我也高兴地听到了曹阳老师如期改正了的消息。他当年是青年报文艺副刊《红花》的主编，发表我的习作《青春的火焰》、《开除》等小说，听说他也被戴上那顶沉重而无形的帽子，受到开除党籍等处分，如今也改正、恢复了吧？

我怀着急切的心情来到巨鹿路上的爱神花园，那里是上海作家协会所在地，在那里遗落了我的作家梦——那美妙迷人的青春梦想。

记得那天晚上，在作协底楼东厅，举行苏州作家陆文夫的《小巷深处》和上海作家张英的《八千里路云和月》（可能记忆有误）的作品讨论会。由作家协会负责人之一赵自老师主持。与会者大多为文学青年，充满青春活力，发言争先恐后，会议开到深夜，我随赵自老师步出作协大门时，他对我说：这么晚公交车都停了，我们走走怎么样？“好的”说着我就和赵自老师沿陕西路向淮海路走去。

当时入夜后的上海街头静寂无人，我们默默无言地走了一段后，有一个人向我们迎面走来，插身而过时，赵自老师很随意似地问我：“你能简明扼要地描述刚才这个人的特征吗？”我迟疑了一下回答说：“好像是个下班的女工。”“还有吗？”我不知说什么好了。赵自老师就同我边走边语重心长地说：“写作最重要的是要目中有人、心中有人，了解人观察人的表象远远不够……”

赵自老师那次对我的教育和帮助，铭心刻骨，终生难忘。

时隔二十几年重回这爱神花园，我遗憾没能见到赵自等几位老师，却听到说曹阳同志也改正了，正在为恢复《萌芽》杂志而四处奔忙。言者无意，闻者有心，我想马上去曹阳家，并想自己能不能争取跟曹阳老师一起在《萌芽》工作呢？这样，我就有利于学习写作，圆文学梦啊！

连我自己也奇怪的是：文学梦怎么会这样令人痴迷心醉？当时年轻单纯迷恋文学，为此跌得何止头破血流？如今幸逢盛世，怎么会又……《萌芽》要复刊，多好的机会啊！我钟爱的读书写作，我深埋心底的文学梦想，又萌芽了，复活了。我遭遇不测后，最痛苦的是不能继续写作了！记得当时手头还有一篇写就但尚未寄出的小稿，犹豫了好久，还是寄给了解放日报《朝花》副刊部，却署了个从未用过的笔名："又新"。这笔名寄托了我强烈而天真的企盼……

稿子寄出后，又担心会惹出麻烦，想不到没过几天，我看到这篇小文章在《解放日报》发表了，署名又新，我心里就如打碎了五味瓶，说不出是怎样的滋味！我多么希望有朝一日又能重新拿起笔来写作呵！又新？没那么简单啊！

我其实一直怀着作家梦，写作是我的真正人生追求。

我找到曹阳同志，说出了心里话，他是最了解我的人，连声说好，太好了，我们一起来做恢复《萌芽》的工作，今后一起办好这份青年文学刊物。我俩谈得兴高采烈。

曹阳向哈华老师报告并经同意后，就来到中共南市区委组织部，向接待的朱副部长递交了介绍函，希望给予支持。

朱副部长礼貌地接待，并表示待研究后会及时与他们联系。

此后不久，曹阳再次来联系朱副部长，想不到还是这位朱副部长，却对曹阳说："李伦新同志的工作，已经由区里安排，请不要再来商调了。”……

紧接着，朱副部长就找我谈话说，“经区委领导研究，你的工作，你可在三个部门范围内选择：区检察院、民政局、文化科。”

我表示服从组织安排，希望到文化科工作。心想，坚持业余创作，关键在自己要刻苦努力，在文化部门有利些。

于是，我就到区政府文化科上班。

时隔21年，经历了多少风风雨雨，我又重新回到上海的政府机关工作，此时此刻此情此景，我实在感慨万千，最强烈最深切的一点，是党的十一届三中全会以来的正确路线，拨乱反正，国家走上正轨了，才有我的今天！我一定要争口气，为自己能践行全心全意为人民服务的宗旨，为贯彻党的十一届三中全会正确路线，做些力所能及的事情，我理应抖擞精神去奋力向前……

笔　　瘾

文章其实不是写出来的，是从心底深处涌出来的。

我们区政府文化科，就是现在的区文化局，下属有几家电影院、剧场和书场，区图书馆和少儿图书馆以及区文化馆，特别是豫园乃重点文物保护单位，而上海市人民滑稽剧团虽冠名市却隶属于区里，还有电影放映队、沪书队等，是颇有上海老城厢特点的文化企事业单位。我都很感亲切，喜欢到下属单位去走走，熟悉情况，要求自己尽力做好该做的服务工作。

不久，由我建议并经科领导同意，办了一份不定期的信息简报，由我负责采写，经领导审核后印发，倒也颇受欢迎。这样，我和下属各单位的联系就更密切也更方便了。我分工联系电影方面业务，每周还去大光明影院看试片，看的都是新片。没多时，我和各单位的联系多了渐渐就熟悉了。

就在这时，市作家协会将举办恢复活动以来的第一次文学创作研讨班，通知我去参加。文化科领导热情支持，我得以参加，还担任了组长。这使我很感动，也很受鼓舞。

有一些久违了的上了年纪的老同志也来参加，更多的是回城知青中的业余作者，一起听作家讲课并讨论，还安排了一个月时间，让学员们下生活进行采访。我选择了采访抗战时期的浦东游击队，到南汇、奉贤等地，寻访到了当年的游击队员，听他们讲述了亲身经历的可歌可泣的动人故事。我打听到当年浦东游击队队长朱亚民同志还健在，就赶到苏州市拜访，和朱队长深谈了两天，又记录了大量的第一手素材……

我准备开始业余创作，写浦东游击队、长篇纪实……

就在这时，我在工作过程中了解到："十年动乱"期间，南市区没有新造一平方米的房子，公共文化没施也没有建过，连维护修理也得不到保证，如方浜中路上的区图书馆，年久失修成了"漏水馆"，每当下雨，到处漏水，全体工作人员紧张战斗，用脸盆、木桶甚至钢盅镬子、茶壶等接漏，可惜还是有许多图书被淋湿受潮，雨后晾干实在不易，霉烂难免，令人心痛。"眼睁睁看着珍藏的书籍这样被淋湿发霉变脆，心疼得忍不住流泪啊！"图书馆馆长领我边看边动情地说，我的心也堵得难受，一时不知说什么好。

这夜我失眠了。恍惚中我看到图书馆门口排着长队的读者，看到座无虚席的阅览室，还有借到霉痕斑斑一碰就破的图书那皱起眉头的读者……我陡然起身，在灯光下，就自己的所见所闻所感所思，情不自禁地写了一篇题为《图书馆？漏水馆？》的小文章，次日一早就寄给了《解放日报》。

感情冲动？认知片面？又要惹祸？事后想来，确实有些后怕、后悔，暗暗责怪自己不该如此！刚刚改正、恢复，回上海工作不久，怎么就这样笔瘾难熬？写这样容易得罪人的文章？到底为了什么呢？为名？为利？啊，我陷入了矛盾和痛苦中。然而，我很快想到，今非昔比了，有党的三中全会路线，我相信再也不会因为这篇小文章，而像以前那样惹大祸了！

这篇文章在《解放日报》"解放论坛"专栏发表，标题和内容几无改动，且署了本人的真实姓名。我拿着这张报纸，呆呆地看了很久，想了很多很多……

此后，我听了一次领导的报告，是讲职业道德问题的，讲得有条有理，深入浅出，颇受欢迎；但我感到有点缺憾，就是只讲各行各业的职业道德，如教师要有师德、医生要有医德、演员要有戏德……怎么不讲讲"官德"问题呢？于是我又心血来潮，写了篇题为《也要讲讲官德》的小文章，希望大小干部，都来讲讲"官德"这个问题。文章寄给报社，很快在《解放日报》发表了。有亲朋好友读了后，郑重其事地打来电话或当面语重心长地提醒我：当心点，谨慎些，不要忘记历史教训……

说实话，我也犹豫过，也想到过从此以后不要写这类触及时弊且属敏感问题的文章；可是，此后我还是又写了如《警惕自己打倒自己》等篇章，亲人友人中有说我“本性难移”的，而我则难以理解，这“本性”难道不好吗？其实不就是甘为孺子牛的牛性吗？

可喜的是，这些文章发表后，并没有出现亲朋好友为我担心的那种情况，领导在工作上对我还是放手放心的，甚至提拔任用。啊，不同了，实在是今非昔比！中国共产党的十一届三中全会以来，真的大不相同了！

我在区委党校学习时，联系实际，在小组会上谈了自己上述切身体会。而后，党校领导让我在全班作了交流发言……

欢　　笑

滑稽戏？喜剧？有笑声就好，人们需要发自内心的笑。

要去滑稽剧团工作，我直觉有点滑稽，一个对滑稽戏一窍不通的人，去了可不要出洋相啊，那倒真是滑稽了！

到剧团看了几场演出后，我发现一个鲜明的特点，就是剧场里的观众常常开怀大笑，情不自禁的笑声，让我受到感染，也跟着笑了起来，虽然笑得有些勉强，但毕竟是多年不见的笑容，难能可贵。我看到剧场里有不少这样难得一见的笑！啊，十年浩劫终于过去，久违了的欢笑声又回来了，多好的景象啊！我能为人民增欢添笑做点事出点力，不是很有意义吗？

我恢复工作后的第一个职务，是出任上海市人民滑稽剧团党支部副书记。我能为使人民群众敞怀欢笑服务，有意思，很值得！

“十年浩劫”，文艺事业是重灾区。剧团可以说被砸没了，著名演员沈一乐被迫害致死，所有演职人员都受到不同程度的伤害。拨乱反正以来，恢复重建工作任务艰巨。但有利条件是：三中全会以来的路线、方针、政策深得人心，因而恢复重建工作还是比较顺利的。

在对知名演员逐一登门拜访听取意见建议的基础上，和演职人员们一起商讨剧团工作，都认为关键要恢复演出和开展创作，发挥老演员传帮带的作用使青年人才脱颖而出……

在和著名演员杨华生长谈后，我笔瘾难忍，又写了篇《杨华生台下的照和台上的笑》，在《解放日报》的《朝花》副刊发表了。

我应邀到《解放日报》社，出席作者座谈会，结识了丁锡满同志，并和阿章老师久别重逢，重新有了联系。

是的，滑稽剧团和笑密不可分。剧团能演会写的资深老演员艺名就叫笑嘻嘻，自然天成，可亲可近。

剧团的演出很受群众欢迎，无论是恢复重排的传统保留剧目《七十二家房客》，还是独脚戏专场，上座率都很高，剧团也呈现兴旺景象，引进了编剧人才，吸收了年轻新秀。

当年推行“备战备荒为人民”方针，进行所谓“小三线建设”期间，上海有一些工厂迁往外省山区，那里的职工群众很想看滑稽戏，派人来上海找到滑稽剧团，邀请前往演出。在上级领导支持下，我率团前往皖南山区慰问“小三线企业”

的职工，极受欢迎。我和随同剧团前往的解放日报文艺部负责人丁锡满，有感而发地写了一篇题为《把笑声撒向山谷》的文章，发表后反响不小，多年后还有上海大学徐有威老师在其专著中加以引用呢……

又是和笑有关的故事。上海有个少教所——少年犯教养所简称也，里面关的都是未成年的孩子。我曾经应邀前去为这些孩子讲过课。记不清是怎么想到为他们送去笑声？我的提议得到剧团的青年团支部书记王汝刚积极热情响应，充分准备，还带上了富有含义的小礼品：笔记本和铅笔、橡皮擦，送给孩子们。

演出现场孩子们不失天真童稚的欢笑声，却使我浮想联翩，心酸落泪……

我和王汝刚等还到孩子们的宿舍里看望，和他们促膝交谈。我们发现这些受了损伤的祖国花朵，缺萼的鲜花也是祖国的花朵呀——他们不失天真和单纯，多么需要关爱和抚慰呵！

值得一提的是，我和剧团同志一起，赴常州、南京等地演出期间，寄信给我原本在上海生活、因我之故回乡的胞弟，请他来看了滑稽戏演出，为的是让他也笑个痛快淋漓！

也好，我就这样为人们畅怀欢笑做点实事，业余时间写点想写的文章，安安稳稳地度过无多的来日，为家庭为子女尽点应尽的责任，特别是去崇明农场务农的儿子，和年龄渐大了的女儿的婚事，我应该尽到应尽的责任……

可是，想不到我的工作又调动了，被任命为区委宣传部副部长，兼区文化系统党总支书记。我应该服从，要适应，要学习，就很忙，因而很少顾家。为此，我深感应该再次向家人表示歉意，谢谢他们的理解和谅解，无条件地对我支持。

浦　　东

上海人夸家乡："走尽天边，不如黄浦江边。"

回到上海重新进机关工作后，我总在想着要到浦东去看望父老乡亲，可是一直未能成行。浦东，是我当年下放农村劳动的地方，那时还是浦东县，我在六里人民公社的六北生产队劳动，开头住在生产队长刘同志家里，同吃同住。后来大办食堂了，搬到社员王小妹妈妈家住，但吃在食堂，每天早上出工前，要为食堂挑水，食堂炊事员看在眼里，让我餐餐都能吃饱或基本不饿……

父老乡亲对我的理解和关心，我终生难忘，特别是在我离开姚家宅时，阿林婶婶和小根娣代表队里社员，一直送我到南码头依依惜别，语重心长地对我说：走尽天边，不如黄浦江边。你去那么远的地方，过不惯就回来！

我上了轮渡船，她俩还依依不舍地挥手致意，我再也忍不住地泪如泉涌……

农民们送我的一个日记本和一条毛巾，我一直珍藏着，在远离浦东的地方，处境最困难的时候，我拿起这凝聚着深情厚谊的礼物，回忆和队里的社员同吃同住同劳动的情景，感慨万千，常常泪如泉涌……

我为没能及时去浦东看望乡亲们而内疚、自责！

这是个星期天，我乘轮渡过了黄浦江，来到浦东南码头，走向六里桥，熟门熟路走进姚家宅老孙家。这位老孙原本和我同在团区委机关工作，因同一原因一起下放农村、在“动乱时期”曾在桂林街头和我邂逅相遇，老孙当年正和党校一位女同学相恋准备结婚时，遭遇飞来横祸被打成“右派”，下放劳动后和当地农家女子结婚。他们的家就在姚家宅，据说生活过得倒也和谐而温馨，已有一双儿女。

在老孙家稍坐，他就带领我去社员家一一拜访，走在熟悉的村间小路上，姚家宅面貌依然如故，几无明显变化，因而使我有种梦游故地的感觉。到社员家，久别重逢，相见甚欢，只是岁月不可避免地催人老去，但精神都显得很振奋、昂扬。

我一直惦记着的几位社员都见到了，岁月在他们脸上雕刻了的不仅是皱纹，还有隐约可见的舒心欢笑。不是吗？家里拆掉的灶头又砌起来了，有的还描绘了“灶花”，都到生产队大食堂吃饭的日子过去了，合家团聚围桌共享天伦之乐的情景不难想见……

可我还想念着一位社员，他的家境我不很了解，只是常常看到他倚门而立，高高大大的男子汉，却总是人瘦毛长、呆若木鸡的样子，常听说他不肯下地劳动，是懒汉，被“拔白旗”，批判，呆不呆痴不痴的样子，夜里出来偷吃队里的萝卜……后来死了，说是饿死的，懒汉，饿死活该……不知为什么我总忘不了他，他那形象，他那眼神，总会使我联想到自己的父亲！他，像个问号，一直留在了我的记忆中，回想起来，我总后悔没有和他说说话，听听他的心声！

浦东开发开放以来，我到浦东去时，常会想到这位早逝的公社社员，如果他不死，活在当下，他将会怎样呵……

说来有趣，我和浦东似乎有着不解之缘。我回上海重新工作和居住的南市区，其所辖范围包括浦东的南码头、塘桥、周家渡和上钢新村四个街道。记得当我跟随领导到南码头实地考察新建电影院时，我记忆屏幕上就回放当年下放在浦东劳动的情景。后来要造南浦大桥了，选址定在南码头，这座横跨黄浦江的大桥，两岸都在南市区辖区范围，有幸一直投身于这项工作！后来，开发开放浦东，更使我激情勃发……当年的公社社员送我到南码头的临别赠言：“走尽天边，不如黄浦江边。”这热爱家乡的朴实语言，常常在我耳畔回响！

梳　　头

以梳头为业者称梳头娘姨，堪称上海滩一绝。

我在任何处境情况下都不会忘记写作，没有不想写之时，只有能写或不能写之别。到剧团上班后，我全身心地投入工作，为的是想争口气。与此同时，总要在业余时间忙里偷闲写点随笔散文。但我并不满足于此，时断时续地在写纪实作品《浦东游击队传奇》，其中的有些片断被热情的编辑拿去发表了。

时间和精力实在不够用。期间，有位区委领导，是上海解放前警察系统中共地下党领导人之一，约我和另一位"笔杆子"，讲述当年斗争故事，让我们记录整理成文，其中《华山路上一小楼》已发表在《解放日报》副刊了。因此，我的创作计划就难以付诸实施了。

在调任区文化系统党总支书记和区委宣传部副部长后，相对来说反而有了些可支配的业余时间了，我记着鲁迅先生“利用喝咖啡时间”读书写作的话，断断续续地写作小说《梳头娘姨传奇》。以梳头为业，以梳头谋生的女子，出入于豪门大户，周旋于太太小姐之间，是上海滩上极富特性的人群，她们的人生不仅有传奇性，更有独特性，而且极富社会和时代特点，我写得很投入，也比较顺利。

有个星期天，阿章老师到我家来。他是我20世纪50年代初学写作时的启蒙老师，处女作《闹钟回家》就是在他主编的《劳动报》“工人文艺”副刊发表的，收进《恋爱问题》一书也是他编辑的，唐克新同志对我的习作加以评论的文章也发表在他主编的副刊上。阿章老师是我写作的启蒙老师。他在反右中也遭遇不幸，去了远离上海的宁夏。时隔二十多年，一则“阿章回来了”的消息登在《解放日报》头版，我喜不自禁地去拜访了他，真有相见不敢相认之感慨……

有次，阿章老师来到我家偶尔看到了《梳头娘姨传奇》初稿，翻阅了几页，颇感兴趣地说：我看蛮有意思，让我带回去看看。

我连连点头，能得到老师的指教，求之不得，我好继续写下去。写作，是我的最爱呀！

在阿章老师指导帮助下，我对《梳头娘姨传奇》初稿进行了一些补充和修改，并得到朋友的支持和帮助，来不及推敲润色，很快就在阿章老师新创办的《解放日报》“小说连载”专栏，连续刊登了36天，“梳头娘姨的故事”一时间成为上海滩上街谈巷议的热门话题，《解放日报》成了市民们每天争相阅读的日报，为的是关注梳头娘姨的前途命运。报社同志告诉我：有的商店营业员为争抢刚到的《解放日报》竟至吵了起来……

后来续写了《梳头娘姨后传》，也在《解放日报》连载。

上海电影制片厂的同志找我商量，请赵丽宏同志改编电影剧本，我们一起商定了大纲，请赵丽宏同志住到电影厂，顺利地改成了剧本。可是却迟迟没有投拍。后来又改写成了电视连续剧，也未能拍成。我对此已经没有了激情。几年后的一天晚上，我接到一位老朋友打来的电话，他高兴地对我说：“中央电视台电视剧频道正在播你的‘梳头娘姨’，你在看吗？”我告诉他我这就看。好家伙，实在令我啼笑皆非！一连看了几天，我对这样的改头换面、偷梁换柱的剽窃行为，实在气不过，决定向有关维权机构报案……

结果是只好不了了之！

上海文艺出版社出版了《梳头娘姨传奇》一书，阿章老师欣然命笔，写了序言。

《梳头娘姨传奇》获得了市大众文学学会颁发的小说创作二等奖，给我以鼓励。这使我更坚定了写上海市井生活的信心，坚持写活富有个性的上海市民形象……

《梳头娘姨传奇》在《解放日报》连载后，我很希望能有更多时间和精力用于创作，可是，我的工作频频调动，被认为是“打一枪换一个岗位”，任区委宣传部副部长才几个月，又调任区委办公室主任，同样是没几个月，又调任区委统战部部长、区委常委。

我为适应新的工作岗位，总想争口气努力把工作做好，这就必须抓紧学习与思考、调研与探索，因而一直处于紧张状况，根本不可能有整块时间进行创作，有时笔瘾难忍，写篇短文章，遣字造句都感到生疏了。忙于工作，也不能顾及家庭子女，无法尽应尽责任，甚感愧疚！

笔瘾实在难熬时，就忙里偷闲写点有感而发的随笔散文之类的小文章，以不同的笔名发表过过笔瘾而已。

联　　谊

拨乱反正，归根到底要在人与人之间关系方面下工夫。

这些年，我的工作频频调动，有同志戏说这可谓是“打一枪换一个岗位。”在区委宣传部副部长兼区文化总支部书记任上没多久，在一次随同领导赴湖南湘西访问的路上，我被任命为区委办公室主任，途中立即到任后，要做的第一件工作，是为区委书记、访问团团长起草讲话稿。

自以为是个喜欢舞文弄墨者，也发表过一点不登大雅之堂的文章，写个讲话稿，理应不难。可是，没想到却把我难住了，写了一稿又一稿，反复修改了好几次，直忙到深更半夜，才获勉强通过……

“调换一个工作岗位，就要换一副筋骨。”这是我在桂林制药厂劳动时，一位工人师傅常讲的一句话。在机关工作，频频调动也有同样的感觉，可以说不只要换筋骨，更要换思路和作风，这样的感觉更深切，只好努力尽快适应。好在有富有经验的老同事给我以热情支持和具体帮助，使我能较快进入新的角色，适应工作要求。我由衷地感谢热忱支持和指导我的所有同志！

实在没想到，我出任区委办公室主任没半年，又接到任命通知，调我到区委统战部任部长，并任区委常委。这是我毫无思想准备的。我清楚地意识到，这都是组织上在关注我，也可以说是在考察我、准备重用我，这样频频调动、步步升级，在全区干部中是绝无仅有的，因而引人注目，多有议论，而我能听到的都属于正面和肯定的。

这使我不得不深层次地重新考虑自己的人生取向。

坦白说，改正了，回上海了，重新在机关工作了，我多次想过：自己要在跌倒过的地站起来，应该在积极工作等各方面证明自己的为人！业余创作是我重新拾起的追求，而且较之以前是更明确更强烈的追求！面对肩负的工作责任越来越重，我不能不作重新调整，首先服从工作需要，创作暂缓进行……

在初步弄清了区委统战部的性质和职能后，我就主动去走访各民主党派、各界代表性人士，个别听取他们意见建议，力求推心置腹，以诚相见，叮嘱自己必须虚心请教，切忌居高临下、虚情假意！

这次普遍访问，对我教育很深，帮助很大，使我对中国共产党领导下的统一战线，从理性和感性的结合上，提高了认识，开始形成自己的工作思路，寻求本区统战工作的具体抓手，主要是：一要进一步落实党的各项政策，包括处理好“十年动乱”造成的遗留问题；二要通过联谊，密切与各界人士的关系，调动自觉的积极性。

和各民主党派、各界代表性人士交朋友过程中，我明确要求自己：必须老老实实向各界朋友学习，甘当学生，以诚相待，广交诤友。

在接待一位上访者时，他诉说了自家住的一幢楼房，在“十年动乱”中被“扫地出门”，住进了造反派。如今要求落实政策，至今没有解决……我调阅了有关材料，到这幢楼房去实地察看，有了明确意见后，协同房产局等有关部门，几经周折，按政策物归原主，对搬出此屋的人家也作了妥善安置……

多年以后，出差新疆，走在路上时，有人背后叫我：“李部长、李部长！”我回头，一位男子追上来，说谢谢我为他家落实了房子政策……

老城厢里青莲街上，有座小楼，产权原本属于区工商业联合会，“文革”中曾被占用，如今落实政策，物归原主后，区工商业联合会派什么用场呢？出租？能不能租用以后办个联谊俱乐部呢？让各界人士来这里聚会学习，喝茶聊天、会友聚餐呢？

萌发这个想法后，我深知难度甚大，不便贸然提出，就先和有关同志个别商量，探讨必要性和可行性。这可是从未有过的事，认识上能一致吗？操作上能顺利吗？出乎意料的是提议广受赞同，但一接触如资金、管理等实质性问题，就难住了！

南市区各界人士联谊俱乐部，建设过程不必在这里叙述了。值得一提的是，俱乐部试运行期间，这里可谓热气腾腾、热闹非凡，人们齐聚在此开会学习，唱歌跳舞，聚餐畅饮，后来还开设了小卖部方便购物，又根据需要在楼上增设客房……

市委统战部部长亲临现场，参观指导，并在会上发表了热情洋溢的讲话，充分予以肯定。区委领导更是给予了支持和鼓励。

我想，我在区委统战部部长的岗位上干了两年多，可以说已经驾轻就熟，做好工作的同时也能业余写作了。我想我就在这个岗位干下去，退休前业余创作，退休后“专业”创作。可见我的文学梦是痴迷的，创作欲是强烈的。

可是，有迹象表明，我的工作又将变动了。

果然，组织上通知我去市委，说是市委有位主要领导要找我谈话。

我按通知来到市委，市委一位负责同志同我亲切交谈，好像只是随便聊聊、拉拉家常，其实是在考察我对区情的了解和对区政工作的思路……

看来，我的工作又要变动了。恢复工作后这几年，总是“打一枪换一个位置”，下一个岗位的“枪”不好打呀！但又不得不去打；去打，就得竭尽全力，打准，打好！

履　　新

上台必有下台，上台之日就该想到下台之时。

区人代会刚刚闭幕，我被选为南市区人民政府区长的消息不胫而走。当天下班前，有办公室的一位同志来告诉我：星期一早上，有驾驶班的同志开车来我家接，以后他一直跟随开车；并问我：希望哪位驾驶员？这使我感到有些突兀，就毫不思索地说："上下班就不用车子接送了，去市里开会什么的需要用车时，我会预先通知的。"

当天傍晚，我照例骑着自行车下班回家时，思绪仿佛脱缰的野马，想到了"新官上任三把火"、"一阔脸就变"、"我还是我"……不知不觉地将自行车踏得飞快，迎着清凉的晚风，哼起了走腔跑调的京剧："我正在城楼观山景……"

毫无疑问，区长必须及时到任，马上就要履新。我清醒地意识到，任务肯定比以前更繁忙，责任也更加重大，可我毫无主持政府工作的经验，却又不能辜负人民代表们的期望，难！忙！这是肯定的！写作，也就肯定不可能有时间了！可是，写作是我难以割舍的至爱，怎么办？于是就想到写纪实性随笔。

陆陆续续地写了多年，于是就有了这本《船行有声》。

但愿身体情况允许，我还要继续写，写选为区长以后的生活随笔，为读者奉献《船行有声》的续集……

后　　记

杨扬教授在为我的长篇小说《非常爱情》所写序言《在历史的长河中见证人性》中说："对于他这样一位年逾古稀的老人，已不再希望从文学创作中谋取什么名利，而是希望通过文学传递出自己的某些人生经验，对国家对社会起到一点有益的影响。"此言极是。他同时表示："我也祝愿他早日完成计划中的《上海的春天》三部曲。"

可是，我计划写的长篇小说三部曲没有继续，因为生活使我感悟到，自己的亲身经历和深切感受，是这样跌宕起伏又丰富多彩，是时代变革和社会变迁的缩影，如能真实地记录下来，不仅可为同时代人保鲜记忆，而且有助于青年同胞们认知这段不平常的历史。于是我就改变了计划，写了这本《船行有声》。

《船行有声》既不同于个人自传，更不是所谓纪实性作品，而是内容真实的连贯性随笔，力求达到夹叙夹议、情景交融，读来顺畅可口、读后令人回味。

感激尊敬的钱谷融先生为本书题写书名！感谢赵丽宏、杨扬同志给予了热情鼓励和具体帮助！文汇出版社桂国强、张衍同志和美术编辑周夏萍同志为本书的顺利出版给予了热情支持和切实帮助，在此一并表示由衷感谢！

感谢所有关心我写作的亲朋好友！感谢我的妻子和儿女对我的理解和支持，特别是凯元、秦燕，还给了我不少具体帮助！

2013 年 12 月 22 日于乐耕堂